„Es wächst zusammen,
was zusammengehört."
　　　　Willy Brandt

Frauenbrücke Ost-West e. V. (Hrsg.)

Denk ich an Deutschland ...

20 Jahre Mauerfall, 20 Jahre Wiedervereinigung

aus weiblicher Sicht

mit Fotografien aus Staßfurt
von Klaus Heinrich

verlag kleine schritte

> Bibliographic information published by Die Deutsche Bibliothek
> Die Deutsche Bibliothek lists this publication in the Deutsche Nationalbibliografie; detailed bibliographic data is available in the Internet at http://dnb.ddb.de

Frauenbrücke Ost-West e. V. (Hrsg.)
Denk ich an Deutschland ...
20 Jahre Mauerfall, 20 Jahre Wiedervereinigung
aus weiblicher Sicht

Trier: Verlag Kleine Schritte, 2009
         ISBN 978-3-89968-126-0

www.kleine-schritte.de
www.frauenbruecke-ost-west.de

Gestaltungskonzept Umschlag und Innenteil: Josephine Götz
Copyright Cover-Foto: Marcus Engel
Copyright Fotos Umschlag: De Wet van Deventer, Cecile Graat, Piotr Bizior
Fotos im Innenteil: Klaus Heinrich

Auflage: 5. 4. 3. 2. 1.
© und Gesamtproduktion im Jahr: 2013 12 11 10 09
         bei
         verlag kleine schritte
         Ursula Dahm & Co.
         Medardstr. 105
         54294 Trier

Nachdruck und Vervielfältigung jeder Art, auch auf Bild-, Ton, Daten- und anderen Trägern, insbes. Fotokopien, auch zum „privaten" Gebrauch sind nicht erlaubt und nur nach vorheriger Absprache mit dem Verlag möglich.

INHALT

Vorwort / Danksagung	7
Adelheid Scholz * POTSDAM	10
Barbara Hackenschmidt * FINSTERWALDE/POTSDAM	15
Barbara Wiesener * POTSDAM	18
Bertrun Jeitner-Hartmann * NÜRNBERG	56
Birgit Hahn * EUTIN	60
Brigitte Sommer * BERLIN	64
Brigitte Vollmer-Schubert * HANNOVER	74
Christa Nichelmann * BERLIN	77
Dagmar Heinrich * STASSFURT	80
Elke Schilling * BARLEBEN	85
Erika Böhme * CHEMNITZ	92
Gabriele Bachem-Böse * CREGLINGEN	95
Gundula Grommé * EMSDETTEN	98
Heidi Pichler * MAINZ	101
Hildegard Kirste * RUDOLSTADT	104
Ilona H. Richter * CHEMNITZ	108
Ingrid Behrend * BAD KREUZNACH	112
Karin Haag * NÜRNBERG	115
Margrit Richter * BERLIN-PANKOW	119
Marlies Wutta * FALKENSEE	122
Monika Leimert * COTTBUS	126
Reinhild Metzger * LEIPZIG	129
Renate Mäding * CHEMNITZ	132
Rita Flacke * NÜRNBERG	136
Rita Kupfer * REMAGEN	138
Sabine Müller * BAYERN	142
Sigrid Paul * BERLIN	144
Sigrid Presser-Hoffman * FLENSBURG	149
Waltraud Beppler * WIESBADEN	152
Zum Fotografen Klaus Heinrich	156

Vorwort

Die Idee zu diesem Buch entstand bei der Vorbereitung des Frühjahrsforums der Frauenbrücke Ost-West in Plauen im März 2009. Die Tagung stand unter dem Motto „Mehr Freiheit wagen! Die friedliche Revolution von 1989".
Bei der Erinnerung an die Ereignisse wurde mir die Besonderheit jener Zeit noch einmal bewusst. Ohne große Mühen konnte ich die Berichte und Bilder jener Wochen und Monate in meinem Gedächtnis aufrufen. Sie waren außergewöhnlich, bewundernswert, erinnerungswert. So entschloss ich mich, die Mitstreiterinnen unserer Frauenbrücke Ost-West darum zu bitten, ihre Erlebnisse und Erfahrungen aufzuschreiben, damit die weibliche Sicht auf diesen wichtigen Teil unserer Vergangenheit bewahrt bleibt.
Nur Wenige hatten die Möglichkeit, den „Fall der Mauer", der heute von vielen Menschen als das herausragende historische Ereignis deutscher Geschichte beschrieben wird, vor Ort persönlich mitzuerleben. Die ganz unterschiedlichen Berichte der Frauen in diesem Buch spiegeln die individuellen Wahrnehmungen jener Wochen und Monate wider. Aus den sehr persönlichen Berichten erschließt sich die Vielfalt des Erlebens der revolutionären Ereignisse in allen Teilen unseres Landes.

Für diejenigen, die sie selbst miterlebt haben, soll dieses Buch ein Anstoß sein, eigene Erlebnisse zu erinnern und festzuhalten. Für diejenigen, die sie auf Grund ihrer Jugend noch nicht miterleben konnten, bietet es die Gelegenheit, unterschiedliche Sichtweisen kennenzulernen. Das Buch soll sie neugierig machen, weiterzufragen.

Emsdetten, 30. August 2009
Gundula Grommé
Frauenbrücke Ost-West e.V.
1. Vorsitzende

Danksagung

Unser ganz besonderer Dank gilt allen Frauen, die bereit waren, ihre Erinnerungen und Erfahrungen aufzuschreiben. Sie stellen damit den Leserinnen und Lesern ein breit gefächertes Erinnerungsdokument zur Verfügung, das hoffentlich zur Diskussion anregt.

Danken möchten wir auch dem früheren Ehemann einer unserer Autorinnen: Klaus Heinrich hat uns freundlicherweise Fotografien zu den Ereignissen 1989 zur Verfügung gestellt. Seine Bilddokumente aus Staßfurt haben wir stellvertretend für die Demonstrationen und Gottesdienste in vielen ostdeutschen Städten in das Buch integriert.

Außerdem bedanken wir uns bei der Hochschule der Medien in Stuttgart: Prof. Hans-Heinrich Ruta hat im Sommersemester 2009 unser Buchvorhaben zum Thema eines Seminars im Fach Buchgestaltung gemacht. Ende Juni hatten wir das Vergnügen, mit drei Vertreterinnen der Frauenbrücke Ost-West nach Stuttgart zu reisen und dort 24

Entwürfe für die Gestaltung unseres Buches präsentiert zu bekommen. Viele originelle Ideen zeugten von der intensiven Beschäftigung der Studierenden mit dem Thema und mit unserem Verein, aber auch mit den vorgegebenen Rahmenbedingungen – die Produktion durfte einen gewissen Kostenrahmen nicht übersteigen. Die Auswahl des Siegerentwurfs aus drei uns besonders ansprechenden Entwürfen fiel nicht leicht. Entschieden haben wir uns schließlich für den Entwurf von Josefine Götz aus Dresden, der mit dem hier vorliegenden Band weitgehend realisiert werden konnte.

Das Buch war ursprünglich als Publikation im Selbstverlag für Mitglieder und Interessierte im Umfeld der Frauenbrücke Ost-West geplant. Mit Bekanntwerden unseres Vorhabens mehrten sich jedoch die Stimmen für den Vertrieb an ein breiteres Publikum. Deshalb beschlossen wir kurzfristig, es beim Verlag Kleine Schritte in Trier zu veröffentlichen. Wir danken der Verlegerin Ursula Dahm und dem Verleger Rainer Breuer, sich auf dieses Abenteuer so kurz vor der Buchmesse noch eingelassen zu haben. Ebenso danken wir für die behutsame Redaktion der Beiträge, die deren Authentizität wahrte, und doch in Kleinarbeit für bessere Lesbarkeit sorgte. Für die letzten technischen Arbeiten unter großem Zeitdruck danken wir David Gilz.

Trier, 30. August 2009
Christine Bald
Frauenbrücke Ost-West e.V.
Vorstandsmitglied

Adelheid Scholz

POTSDAM

Adelheid Scholz, 1941 als Pfarrerstochter in
Freiberg/Sachsen geboren, lebt seit 1949 mit
geringen Unterbrechungen in Potsdam. Ab 1992,
nach Inkrafttreten des Stasi-Unterlagen-Gesetzes,
arbeitete die gelernte Krankenschwester und
studierte Informatikerin hauptberuflich bei
der Gauck-Behörde in Berlin an der Aufarbeitung
politischer Repressalien in der DDR.

Mehltau - Beginn eines unvollendeten Buches

Dieses Buch ist ein Buch der Erinnerungen. Es soll die Gefühle beschreiben, welche mich während des Prozesses überkamen, in dem die deutsche Einheit sich gestaltete und noch gestaltet. Ein roter Faden wird nicht verfolgt. Warum auch?! Das Leben in diesem unserem Lande, welches sich Bundesrepublik Deutschland nennt, wird bestimmt von Zufälligkeiten. In Bonn saß eine Regierung, welche nach dem Prinzip des geordneten Chaos eine Flut von Gesetzen,

Gesetzen, Gesetzen ... beschloss, deren Auswirkungen keinesfalls einer kritischen vorausschauenden Analyse unterzogen wurden, da sie beschlossen wurden. Was heißt eigentlich „Die Regierung beschließt? Der Kanzler hat gesagt?" Haben wir nicht eine gesetzgebende Versammlung, ein Parlament, einen Bundestag? Heute in Berlin ist es nicht anders.

Von diesem Bundestag wird in den Medien sehr wenig gesprochen. Gehe ich davon aus, dass sich jedes natürliche „System" eine Spur wahrheitsliebenden Instinktes bewahrt, so wissen die Medien sehr wohl, dass es NICHT der Bundestag ist, welcher die Geschicke des Landes bestimmt.

Genauso wenig wie Frauen die Geschicke des Landes bestimmen. Schalten Sie einmal alle Fernsehprogramme durch und zählen die Anteile der erscheinenden Männer zu den erscheinenden Frauen, von Kindern ganz zu schweigen. Sie werden verblüfft sein. Das Verhältnis ist umgekehrt proportional zum Verhältnis der völlig entkleideten Frauen zu den völlig entkleideten Männern auf dem Bildschirm. So haben Sie dies noch nie gesehen? Glaube ich Ihnen. Prüfen Sie das und dann denken Sie einmal darüber nach, warum das so ist.

Ja, ich weiß. Sie finden diese Gedankensprünge absurd. Können Sie auch, wir sind schließlich eine pluralistische Gesellschaft, wo jeder denken kann, was er will. Ich denke eben gern anders, darum diese Vergleiche. Ich wollte mich erinnern, erinnern an die Zeit vor dem 7. Oktober 1989, an die Flut der jugendlichen Flüchtlinge aus der DDR über die Botschaften in Prag, Warschau und Budapest. Mein Betrieb schickte mich zu dieser Zeit plötzlich zu einem Lehrgang außerhalb meines Wohnortes. Ursprünglich sollte ein verdienstvoller SED-Kader den Lehrgang besuchen, zu dem ich nun einen Tag später erschien, was mir nicht gefiel. Bei der Heimfahrt über Berlin am 7. Oktober knisterte die Luft – es war keine Demonstration angeordnet, die Innenstadt meines Wohnortes aber menschenüberfüllt, Bereitschaftspolizeiwagen aufgereiht und 100 Meter weiter Totenstille. Es war wirklich so: 100 Meter entfernt vom Menschenauflauf in der Innenstadt war nichts davon zu merken. Das ist kaum zu glauben, aber es war so.

Es kam die Zeit des Aufbruchs – die Zeit, in der Überlegungen, welche vor dieser Zeit als spinnert, wenn nicht gar sozialismus- und damit staatsfeindlich abgetan wurden, als richtig und für die Entwicklung der DDR nützlich in den Zeitungen diskutiert wurden; als die Genossen der Kaderabteilung meines Betriebes, unter die ich als einzige Parteilose im September 1989 eingereiht worden war, sämtlich laut verkündeten, dass sie schon lange den Weg der Demokratisierung der DDR beschritten hätten, weswegen es für sie keinerlei Notwendigkeit gäbe, diesen bereits eingeschlagenen Weg zu verlassen. Es kam die Zeit, als am Abend des 4. November 1989 meine Verwandte aus Braunschweig bei mir anrief und angesichts der Berichte im Fernsehen über die große Demonstration in Berlin jubelte: „Ich bin stolz auf euch, ich bin stolz auf euch!" Und es kam der 9. November 1989, der Fall der Mauer. Damit war die Revolution zu Ende.

Es war ein friedliches, ein glückliches Ende – das glücklichste Ende, welches je eine Revolution in Deutschland gefunden hat, denken wir an den Bauernkrieg, an 1848 oder 1918. Aber es war auch das Ende der behutsam beginnenden Selbstbestimmung „WIR sind das Volk!" und der Beginn verwaltungsbestimmter Fremdbestimmung „Wir sind EIN Volk!" mit dem Ergebnis „Wir sind das Volk noch lange nicht!" Ja, wir sind noch nicht einmal ein Volk, wenngleich wir ein Volk sind.

Meine Erinnerung hat das Gefühl bewahrt, das Gefühl fast hysterischer Freude, gemischt mit grenzenloser Leere. Der Fall der Mauer – das Kalkül der Stasi und einiger Eingeweihter ist aufgegangen: Die Angst vor der Stasi wurde ersetzt durch die Angst vor der Arbeitslosigkeit. Die deutsche Einheit, das Trojanische Pferd am Ende des Wohllebens der Politbürokraten, und die DDR das Linsengericht, mit dem sich die alte herrschende Klasse der DDR ihr Wohlbefinden im Staate des Klassenfeindes erkaufte. Die unendliche Geschichte von Entindustrialisierung, Rückgabe vor Entschädigung und Übervorteilung, die Geschichte einer vertanen Freude, der Reduzierung eines friedlichen Aufforderns auf ein Milliardengeschäft oder ein Geschäft mit Milliarden für den ach so maroden Osten mit den faulen Arbeitern, die doch wahrhaftig nichts anderes 40 Jahre lang gemacht haben als „krank gefeiert und zur Kur gefahren". „Waren Sie denn einmal in der DDR?" - „Nein." - „Und woher wissen Sie das?" - „Aus dem Fernsehen."
Dichtung und Wahrheit, so hieß das bei Goethe.

Brief an einen Geistlichen

Sehr geehrter Herr Superintendent,

heute las ich den von Ihnen verfassten Gemeindebrief vom 6. Dezember 1991. Ich möchte Ihnen sehr herzlich für diesen Brief danken, er hebt sich sehr positiv von vielem ab, was ich heute zu lesen bekomme. Wie haben sich die Zeiten geändert, seit Sie im Ergebnis der Maueröffnung in unserem Gemeindesaal in Potsdam predigten. Wie viel von dem herrlichen, unbeschreiblichen Gefühl des „Freiwerdens" ist verloren gegangen, erstickt in der unerbittli-

chen Habgier derer, denen die „Brüder und Schwestern aus dem Osten" nun die Taschen zu füllen haben mit den Immobilien des versunkenen Landes.

Meine Gefühle haben zwischen großer Freude und tiefstem Entsetzen nicht nur einmal gewechselt. Es ist mir sehr unverständlich – und das sicher auch, weil ich es nicht verstehen will –, dass die Kirchen in einem von einer christlich sich nennenden Partei regierten demokratischen Land so wenig Einfluss auf das haben, was diese Menschen dann tun. Dieser Einigungsvertrag wird mir als personifizierte Habgier der Reichen hoffentlich unvergessen bleiben.

Im Ergebnis meiner Überlegungen komme ich zu dem Schluss, dass die Kirchen die Menschen mit ihrer Botschaft genauso wenig erreichen wie hier früher die Sozialisten dieselben mit ihren Heilsbotschaften. Der Unterschied ist nur, dass bei den Sozialisten in der DDR eigentlich keiner verhungern und erfrieren konnte, aber in unserem von einer christlich sich nennenden Partei regierten Lande sehr wohl. Wo bleiben da die Kirchen?

Nein, Mildtätigkeit ist es nicht, dass die hier unerhörten Demütigungen, welche die reichen und freien Deutschen den armen, für ihre Freiheit auf die Straßen gegangenen Deutschen zugefügt haben, nicht in einem Meer von Blut gesühnt werden. Aber vielleicht beschließt vorher ein neuer Führer, uns wieder nach Osten in den Krieg zu schicken?

Mit Grüßen und einem nochmaligen Dank für Ihre Worte im Gemeindebrief verbleibt

Adelheid Scholz

Barbara Hackenschmidt

FINSTERWALDE/POTSDAM

Barbara Hackenschmidt, geboren 1955 in Betten (ehemals DDR – heute Brandenburg) ist verheiratet und hat drei erwachsene Kinder. Zur Zeit der Wende war sie Diplomlehrerin für Polytechnik, später freie Dozentin. Im Oktober 2004 wurde sie in den Landtag Brandenburg (Wirtschaftsausschuss) gewählt. Ehrenamtlich ist sie im Kreistag Elbe-Elster, als Präses des Kirchenkreises Finsterwalde sowie als stellvertretende Bundesvorsitzende der Arbeitsgemeinschaft Sozialdemokratischer Frauen aktiv.

In der Kirchengemeinde Sallgast fand schon seit einigen Jahren regelmäßig wöchentlich der Gesprächskreis statt. Viele Fragen, die uns bewegten, wurden dabei erörtert, und in jedem Jahr war die Vorbereitung des Gemeindetages der Schwerpunkt. 1989 ging es aber vor allem um den Erhalt von Sallgast, denn die umliegenden Gemeinden Bergheide und Klingmühl waren schon verloren. In allen Gesprächen stellte sich immer wieder die Hauptfrage: Wie lange kann die DDR ihr System noch aufrechterhalten? Die Berichte aus Leipzig von den Gebeten in der Nikolaikirche und die sich anschließenden Montagsdemonstrationen haben uns permanent beschäftigt. Unklar war jedes Mal, werden die bewaffneten Organe eingreifen wie in Berlin 1953, oder regeln die russischen Streitkräfte im Verbund die Angelegenheit wie im August 1968 beim Prager Frühling? – Daran konnte ich mich noch genau erinnern, denn am 13. August waren wir in der Tschechoslowakei im Urlaub. Kaum vorstellbar die Bürgerkriegsstimmung, und für uns als Kinder damals mehr spannend als Angst einflößend. Die Panik unserer Mutter haben wir nicht verstanden, als sie einen Stapel tschechischer Flugblätter bei uns fand. Keiner von uns konnte den Text verstehen.

Bei den Bildern aus Leipzig und den Kenntnissen um die Berliner Aufstände und den Prager Frühling habe ich meine Mutter informiert, dass ich am 16. Oktober nach Leipzig zur Montagsdemo fahren würde. Sie bat mich, an meine Kinder zu denken und es nicht zu tun, denn aus ihrem Bekanntenkreis wurden Freunde in den 50er Jahren lange vom KGB verfolgt und hatten schwerwiegende Repressalien zu erleiden – bis dahin, dass die Familien auseinandergerissen wurden und die Kinder ins Heim kamen usw. Für mich stand plötzlich fest – gerade für meine Kinder und ihre Zukunft musste ich nach Leipzig!

Am Hauptbahnhof Leipzig war alles normal, und ich fuhr zu meiner Tante, die mich zur Nikolaikirche begleitete. Leider war die Kirche schon wegen Überfüllung geschlossen, und wir versammelten uns mit vielen anderen in den Straßen um die Kirche herum. Menschen so weit das Auge schauen konnte. Alle standen geduldig und ruhig. Dann öffneten sich die Türen der Kirche, und der Pfarrer rief alle Anwesenden inständig dazu auf, sich ruhig und friedlich in Bewegung zu setzen, um keine Gefahrenpotentiale aufzubauen. Die Menge begann, langsam in Richtung Stadtring zu laufen. Als sich lange Reihen formierten, hakten sich völlig Fremde unter. Mein Nachbar erzählte von sich, seinem Beweggrund dabei sein zu müssen, und ich fühlte mich stark und voller Hoffnung, mit dieser Aktion das Richtige zu tun. Plötzlich tauchten die ersten Kampfgruppen an der Kreuzung auf. Sie standen einfach nur da und beobachteten das Geschehen. Ich spürte die Kraft meiner eingehakten Nachbarn noch deutlicher, und die Reihen wurden enger und fester. Die Menge reagierte auf unserem Weg etwas anders. Da ich mich in der Stadt nicht so gut auskannte, fragte ich meine Tante, wieso die Stimmung plötzlich so aggressiv war – wir zogen an der Dienststelle des Staatssicherheitsdienstes vorbei. Im Gebäude war kein Licht zu sehen, aber ich fühlte mich beobachtet. Als wir weitergingen, spürte ich eine noch stärkere Kraft in der Reihe, und die Menschen riefen ihre Forderungen kräftiger.

Selig ging ich mit meiner Tante nach Hause und fuhr am nächsten Tag zurück. Erst im nächsten Gesprächskreis erfuhr ich, dass Klaus Geese zur selben Zeit in Leipzig war. Keiner hatte vorher darüber gesprochen. Wir alle waren vorsichtig – aber nicht gelähmt. Noch heute bin ich sehr froh, in Leipzig meine Erfahrung gemacht zu haben und dabei gewesen zu sein.

Werft die Freiheit, für die wir 1989 auf die Straße gegangen sind, nicht einfach weg! Wählen gehen!

Barbara Wiesener

POTSDAM

Barbara Wiesener wurde 1948 als Pfarrerstochter in Brandenburg geboren. Die Mutter von sechs Kindern arbeitete zunächst als Chemikerin am Institut für Getreideverarbeitung in Potsdam. Nach der Wende fand sie eine neue Stelle als Pharmareferentin in einem amerikanischen Pharmaunternehmen. Ab 1992 studierte sie Literaturwissenschaft an der FU Berlin, wo sie 2003 über die Prosa Brigitte Reimanns promovierte. Heute lebt sie als freie Journalistin in Potsdam.

Tagebuchaufzeichnungen einer friedlichen Revolution

Potsdam, den 5.10.1989 – Gestern waren wir zur ersten öffentlichen Versammlung des Neuen Forums in der Friedrichskirche. Da die Kirche die vielen Menschen (6 000), die furchtlos herbeigeströmt waren, nicht fassen konnte, fand die Versammlung auf dem Weberplatz statt. Um uns stand eine Kette von Stasileuten, deren Autorität von Stunde zu Stunde schwand. Hinter den Machtgesichtern sahen wir erstmals erleichtert die blanke Angst. Nun waren wir in der Mehrheit. Auch ihre Waffen schreckten uns nicht mehr. Die erste gelungene Großveranstaltung machte mutig und glücklich. Es wurde laut und vernehmlich gefordert, auf die wahren ethischen Werte des Sozialismus zurückzukommen: freie Wahlen, Versammlungs- und Pressefreiheit, Zulassung aller Bürgerrechtsgruppen, Reisefreiheit, keine Bespitzelung durch die Stasi, mehr Rechtssicherheit für alle Bürger ohne Unterschied. Alle Forderungen wurden von lauten Beifallsstürmen begleitet. Uralter Frust machte sich endlich Luft. Das Neue Forum, das sich bereits am 19. September in vielen Bezirksstädten gegründet hatte (Berlin, Potsdam, Dresden, Leipzig), wollte sich offiziell beim MdI als neue Bürgerplattform anmelden. Die Erstunterzeichner wurden mit der Begründung abgewiesen, dass es keine gesellschaftliche Notwendigkeit für eine solche Organisation gäbe. Seither sind die zwölf Antragsteller unter Hausarrest gestellt worden.

Potsdam, den 12.10.1989 – Am Nachmittag des 7.10. war auf der Brandenburger Straße in Potsdam die erste Demonstration, an der Knut, Albrecht und ich teilnahmen. Aus Vorsicht blieb Annegret bei den kleinen Geschwistern zu Hause. Wir wussten ja nicht, was uns passieren würde. Schon am Zimmerplatz warteten die ersten sechs Stasileute auf uns. Auf dem Platz der Nationen begegnete uns ein großes Polizeiaufgebot. Aber auch viele Demonstranten waren gekommen. Wie wir: Friedlich und fröhlich mit Blumen in den Händen. Wir lächelten uns zu und machten uns gegenseitig Mut. Um 14.00 Uhr formierte sich der Zug mit dem Losungswort „Wir bleiben hier, verändern wollen wir!" Dann sangen wir die „Internationale", „We shall overcome", „Hejoh, spann den

Wagen an", "Jeder Teil dieser Erde ist meinem Volk heilig". Es war ein Laufen und Singen gegen die Angst.

Beide Straßenseiten waren mit Polizisten und zivilen Beamten der Staatsmacht gesäumt. Eine Polizeikette, die uns entgegenmarschierte, stoppte unseren Zug auf der Höhe des Warenhauses. Die Polizisten kamen uns mit Schlagstöcken und Hunden entgegen. Singend zogen wir weiter. Erst wenige Meter vor der Polizeikette stoppten wir und gingen in Richtung Platz der Nationen zurück. Wir hatten unser Ziel erreicht. Die erste friedliche Demonstration war uns gelungen. Viele junge Leute (etwa 100) wurden später in den Seitenstraßen festgenommen und in einer Turnhalle tagelang gefangen gehalten. Am nächsten Tag stand in den Zeitungen der DDR, dass einige „Randalierer" in Berlin und anderswo versucht hätten, mit „gewalttätigen" Demonstrationen die friedlichen Feierlichkeiten zum 40. Jahrestag zu stören. „Randalierender Mob. Und so haben wir auch die Jungs von der FDJ-Ordnungsgruppe gesehen, die sich an der Seite der Genossen der Volkspolizei dem Spuk entgegenstellten und mithalfen, die Rädelsführer zu verhaften", schrieb Peter Neumann in der Jungen Welt vom 9.10.1989

Neunzehn Jahre später wird man in der Zeitung lesen:

„Nach der ersten Demonstration am 7. Oktober, bei der 103 Personen festgenommen worden waren, hatte SED-Bezirkschef Günter Jahn angedroht, dass „unsere Hand" bei der Niederschlagung „konterrevolutionärer Aktivitäten nicht zittern" werde. Dabei würdigte er vor allem das „besonnene und entschlossene Handeln" des 1. Sekretärs der SED-Kreisleitung, Heinz Vietze. In einer Dienstanweisung vom 30.10.

1989 legitimierte die Stasi bei „unmittelbarem Eindringen in unsere Objekte" den Schusswaffeneinsatz."

Quelle: *Potsdamer Neueste Nachrichten, 06.12.2007*

Potsdam, den 14.10.1989 – Vor zwei Tagen waren wir in der Erlöserkirche zu einem Mahngebet für die Verhafteten. Die Kirche konnte die vielen Menschen kaum fassen. Gestern wurden bis auf zwei Jugendliche alle Inhaftierten freigelassen. An der Wandzeitung der 12. Klasse von Annegrets Oberschule erschienen einige kritische Schülerartikel. Der Staatsbürgerkundelehrer schnitt die kritischen Stimmen einfach mit der Schere ab. Schnipp, schnapp. So einfach ist das in einem totalitären Regime. Und die Mächtigen scheinen noch immer nicht die Zeichen der Zeit zu erkennen. In der Rede E. Honeckers zum 7. Oktober hieß es: "Entschieden wenden wir uns gegen die Feinde des Friedens und des Sozialismus, gegen jene, besonders in der BRD, die unter der Flagge des Antikommunismus, des Revanchismus und Neofaschismus sich in unsere Angelegenheiten einmischen, unseren Arbeiter- und Bauernstaat angreifen und beseitigen wollen. Aber wir lassen nicht zu, dass das Rad der Geschichte zurückgedreht wird. Wir werden und wollen unsere Zukunft im Sozialismus selbst bestimmen." Ganz anders war die Rede von Gorbatschow, der zur Feier des 40. Jahrestages gekommen war, und von vielen nicht offiziellen „Jublern" begeistert begrüßt wurde: "Wer sich den Gesetzen des Lebens widersetzt, dem wird es schlecht ergehen. Wer sich den Gesetzen des Lebens stellt, hat nichts zu befürchten." Noch immer ist in unseren Tageszeitungen zu lesen: „Wir haben alle erforderlichen Formen der Demokratie." Aber die revolutionäre Entwicklung ist nicht mehr aufzuhalten. Trotz der Ignoranz der SED-Mächtigen.

Am 9. Oktober fand in Leipzig nach den Friedensgebeten eine Demonstration statt, an der sich bereits 150 000 Menschen beteiligten. Das erste Mal wagte sich die Polizei nicht mehr einzugreifen. Es gab keine Verhaftungen. Die NVA-Panzer, die in den Wäldern rund um Leipzig stationiert waren, kamen nicht mehr zum Einsatz. Wie ein Lauffeuer verbreitete sich die freudige Nachricht durch das Land, obwohl davon nichts in den Zeitungen stand. In unserer Presse wird weiterhin von Planerfüllungen berichtet: „Mehr Betonsteine aus Gera durch neue Technik." „Unser Arbeitsplatz bleibt unser Kampfplatz." Aber auf den letzten Seiten werden einige kritische Leserbriefe veröffentlicht. Auch die Erklärung der Akademie der Wissenschaft: „Entscheidungen, die Bürger unseres Landes betreffen, müssen für diese durchschaubar und begründet sein. Wo dies nicht der Fall ist, entsteht ein ohnmächtiges Bewusstsein der Bevormundung."

Potsdam, den 20.10.1989 – Seit dem 18. Oktober ist Erich Honecker aus „gesundheitlichen Gründen" zurückgetreten. Egon Krenz regiert Partei und Land. Nun, da die Kette der mutig Protestierenden in unserem Land so lang geworden ist, kommt der Gesinnungswechsel auf allen Ebenen so schnell wie ein Fahnentausch. Das ist uns unheimlich. Vertrauen kann so nicht wachsen. Wir werden wohl noch sehr oft auf die Straße gehen müssen. Aber vieles ist in Bewegung gekommen. Und das macht uns froh. Wir haben kaum noch Zeit zum Arbeiten, Essen und Trinken. Stundenlang wird in der Familie ferngesehen. Diskutiert. Ein freudiger Taumel ist ausgebrochen. Auch die Kinder sind in die Veränderungen einbezogen. Aber noch lange sind wir nicht am Ziel.

Potsdam, den 27.10.1989 – Überall kommen nun die zurückgehaltenen Schubladenmeinungen an die Öffentlichkeit. Wir leben wie im Traum. Auch die Kinder genießen das. Bis Mitternacht waren wir gestern bei Corinna und Andreas, wo sich der Freundeskreis zu einer Diskussionsrunde zusammengefunden hatte. Wir überlegten, welchen Parteien und Gruppen wir uns anschließen sollten. Für Knut und mich gibt es zunächst keinen Zweifel. Wir wollen mit Unterschriftensammlungen helfen, dass das Neue Forum zugelassen wird. In meinem Institut und in Knuts Firma versuchten wir, Unterschriften zu sammeln. Noch immer sind die Kollegen ängstlich. So ist unsere Ausbeute noch sehr mager. Am 4. November wollen wir uns zur nächsten Demo auf dem Platz der Nationen treffen. Heute lese ich in der NZ von einer Aktion Berliner Künstler. Darin steht, dass die Hunderttausenden, die friedlich auf der Straße demonstrierten, die Glaubwürdigkeit unseres Landes retteten. Auch die Aufklärung der Wahlfälschung wird nun in der Zeitung öffentlich gefordert. Nun, da der öffentliche Dialog vom Volk auf der Straße gefordert wurde, bricht es wie angestautes Wasser aus vielen Schleusen hervor. Unfassbar, wie viele Reden und Resolutionen wie Pilze aus dem Boden schießen. Harry Tisch, dem Vorsitzenden des FDGB, wird das Misstrauen ausgesprochen. Seine Absetzung ist nur noch eine Frage der Zeit. Damit wird das vierte Politbüromitglied ausgemustert. Jeder Tag bekommt durch die politischen Ereignisse seine eigene Bedeutung. Erstmals habe ich das Empfinden, dass Geschichte erlebbar ist. Aber 40 Jahre sind eine lange, lange Zeit. Alles ist eingerastet und eingerostet. Noch immer verlassen viele Menschen die DDR. Ein Gedicht von Thomas Luthardt wurde heute in der NZ veröffentlicht:

loser abschied/eilig/verteilt die letzten/bücher platten/ umarmungen/der also/nun auch/heul ich/nach einem/ erinnere soviel/gemeinsames/wie sehr/verlassen denk ich/würde der/ uns nun lässt/den dorn heimat/ leblang/in seele und leib."

Potsdam, den 31.10.1989 – „Unsere Politik ist eine Politik, die dem Volke dient", so überschrieb Egon Krenz eine Rede an die Absolventen der Militärakademie. „Wer den Schluss zieht, dass unsere Partei nicht in der Lage ist, ihre führende Rolle auszuüben, der verkennt die Stärke unserer Partei, der verkennt die Erfahrungen unserer Partei und der unterschätzt die über zwei Millionen Mitglieder und Kandidaten, die diese Partei vereint." Dass darüber nun endlich das Volk das letzte Wort zu reden hat, das sich gerade selbstbewusst zu artikulieren beginnt („Wir sind das Volk"), davon ist keine Rede. Noch immer die gleiche Machtarroganz der uneingeschränkt Herrschenden. Wird das Volk noch immer nicht gefragt? Das Volk sind 15 Millionen, wenn die Parteimitglieder abgezogen werden. Noch immer die gleiche Bevormundung, das gleiche „Wissen", was zum Wohle des Volkes notwendig ist, dessen Meinung nicht erfragt wird. Die Sendung „Der Schwarze Kanal" mit Karl Eduard von Schnitzler wurde auf Drängen der Bevölkerung eingestellt. Aber alle Veränderungen betreffen bisher nur die Medienpolitik. Die Machtverhältnisse sind noch immer nicht verändert. Die Schlange häutet sich …

Potsdam, den 3.11.1989 – Vor zwei Tagen hatte ich eine Wurzelspitzenresektion. Die OP war auszuhalten. Da ich eine Woche krankgeschrieben bin, kann ich in aller Ruhe die politischen Ereignisse verfolgen. Die Kinder und Knut belächeln mein neues pausbäckiges Aussehen. Gern wäre ich am 1. November zum Treffen des Neuen Forums in die Friedrichskirche gegangen. Aber da war ich noch nicht fit. Knut blieb bei mir. So gingen nur Annegret und Albrecht. Sie hatten sich mit Klassenkameraden verabredet und berichteten uns abends von der Veranstaltung. Diesmal waren es schon 10 000 Potsdamer. Da sie nicht in die Kirche passten, wurde alles über Lautsprecher auf den Weberplatz übertragen. Die neuen Initiativgruppen (Demokratie Jetzt, Neues Forum, Bohlener Plattform, Gegenstimme, SDP) stellten sich vor. Steffen Reiche (SDP) hielt eine Rede, in der er dringend eine freie Verhältniswahl einklagte. Nur so könnte der SED nachgewiesen werden, dass sie ihren Führungsanspruch verloren hätte. Obwohl meine Backe noch immer erschreckend angeschwollen ist, werden wir heute Abend in die Erlöserkirche gehen, wo die erste Vollversammlung für die Mitglieder des Neuen Forums stattfinden wird. Gestern bekamen wir die erste Einladung per Post. Nun kühle ich meine Backe, um abends etwas ansehnlicher auszusehen. Heute wurde in der Zeitung mitgeteilt, dass Margot Honecker (Volksbildungsministerin), Gerald Götting (CDU-Vorsitzender) und Heinrich Homann (NDPD-Vorsitzender) zurückgetreten sind. Die Berliner Nobelkneipen und die menschenverachtende Behandlung der DDR-Bürger durch Zoll und Polizei wurden in der Zeitung kritisiert. Nun macht es Spaß, eine DDR-Zeitung zu lesen. Immer wieder treffen wir auf Gedanken, die wir selbst gedacht hatten. Und das erste Mal gibt es wirklich konstruktive Kritik. Götz Doye schreibt in einem Artikel, dass er zum IX. Pädagogischen Kongress einen Diskussionsbeitrag an die Akademie der Pädagogischen Wissenschaften schickte, dessen Eingang nie bestätigt wurde. Darin kritisierte er, dass die Lehrer als

Propagandisten einer Weltanschauung der Arbeiterklasse auftreten, in den Schulbüchern ein unrealistisches gesellschaftliches Harmoniebild vorgeführt wird, das es in der Wirklichkeit so nicht gäbe. Die immerwährende Ausblendung von Konflikten verhindere die Erziehung zur Konfliktfähigkeit. Und somit zur Lebensfähigkeit. So würde der Raum für freies Handeln bereits in der Früherziehung gelenkt, eingeengt und abgesteckt.

Spätabends. Drei Stunden haben wir in der überfüllten Erlöserkirche bei der ersten Vollversammlung des Neuen Forums ausgeharrt. Viele, viele Reden. Viel Beifall. Man war sich einfach gut. Die neue Hoffnung stimmte tolerant und fröhlich. Morgen wird die nächste Demonstration in der Innenstadt sein.

Potsdam, den 4.11.1989 – Heute Vormittag erlebten wir die größte Demonstration der DDR auf dem Berliner Alexanderplatz, zu der die Akademie der Künste eingeladen hatte. Eine Million Menschen war gekommen. Wir schauten uns die Demonstration im Fernsehen an. Zwischendurch malten wir die Transparente für unsere Demo in Potsdam, die um 14.00 Uhr beginnen sollte. Diesmal stand die Polizei freundlich am Straßenrand. Mit dem Gesicht zum Volk. Knut und ich trugen ein Transparent: Dem Volk vertrauen, Stasi abbauen. Annegret und Albrecht: Keine Wende um 360 Grad. Etwa 80 000 Potsdamer waren gekommen. Viele trugen, wie wir, selbst gefertigte Transparente: Kein Ego(n)ismus. Stasi in den Tagebau. Vielfalt statt Einfalt. Weltanschauung kommt von Welt anschauen. Vertrauen ist gut, Kontrolle ist besser. Egon Krenz wir sind nicht deine Fans. Immer wieder skandierte eine neue selbstbewusste Bürgerschaft: Wir sind das Volk!

6.11.89 – Größte Demonstration in Staßfurt

9.12.89 – „Demokratie und Menschenrechte"-Demo

Potsdam, den 6.11.1989 – Wenn die Kinder zur Schule gegangen sind, laufe ich gespannt zum Briefkasten, um die Zeitung an meinen Frühstückstisch zu holen. So viel Witz. So viel Besonnenheit. Wer lehrte uns das? Sind wir trotz aller Gängeleien doch noch nicht ganz verbogen? Soldaten in weißen Kitteln, lese ich. Es wird an einem Gesetzesentwurf gearbeitet, der den zivilen Einsatz der Wehrdienstverweigerer er- möglicht. So werden unsere vier Söhne nie eine Waffe anrühren müssen. Bisher haben wir das bei Albrecht mit vielen Schwierigkeiten erreichen können. Erst später lese ich die letzten Verlautbarungen zum Reisegesetz. Es ist uns augenblicklich tatsächlich nicht so wichtig. Man kann ja jetzt auch nicht verreisen, wo es hier so spannend ist: Alle Bürger (ab 14 Jahre) haben jetzt das Recht, einen Reisepass zu erwerben. Entscheidungen sind innerhalb von 30 Tagen zu treffen. Änderungsvorschläge sind an den Ministerrat zu entrichten. Auf die zweite Seite der Zeitung ist das Wort von Egon Krenz an die Bürger der DDR gerutscht. Es lohnt sich auch nicht zu lesen. Es werden weitere Rücktritte angekündigt: Kurt Hager, Erich Mielke, Erich Mückenberger, Alfred Neumann. Längst überfällige Bauernopfer. Ob Krenz noch lange seine eigene Haut retten kann? Kein Opfer wird ihm dafür zu groß sein. Penetrant werden von ihm Worte und Ideen der Bürgerrechtsbewegung übernommen. Keine eigenen Ideen. Ulrich Mühe schrieb: „Jeder Führungsanspruch muss erarbeitet werden. Auch politische Parteien unterliegen dem Leistungsprinzip." Ich muss an das Plakat auf dem Berliner Alexanderplatz denken: Der symbolische Händedruck der SED, darunter „Tschüss". Das Plakat wurde dem ZK-Mitglied Günther Schabowski unter die Nase gehalten, als er sprechen wollte. Ein Pfeifkonzert verhinderte seine Rede. Noch immer berichtet das Westfernsehen von der

Massenflucht der DDR- Bürger. Das kann ich nicht verstehen. Hier ist es doch jetzt so spannend. Und wir brauchen alle veränderungswilligen Menschen. Das erste Mal in unserem Leben sind Knut und ich stolz, DDR-Bürger zu sein. Die Ausreisenden müssen mit Blindheit geschlagen sein. Oder nur an den materiellen Wohlstand denken. Auch ein Produkt unserer kollektiven Erziehung zur „Befriedigung der materiellen Bedürfnisse". Seit dem 5. November kann man mit dem Personalausweis jederzeit über die CSSR/BRD-Grenze ausreisen. So werden sich auch viele Stasibeamte davonmachen, um unerkannt in der westlichen Welt eine neue Existenz zu gründen. Das gab es schon einmal in der deutschen Geschichte.

Potsdam, den 10.11.1989 – Ein strahlend blauer Himmel. Klar und frei. Passend zur Befindlichkeit der DDR-Bürger. Seit den gestrigen Tagesnachrichten können wir jetzt nur mit dem Ausweis reisen!!!! Überallhin. Jeder!!!! Die Polizeistellen erteilen ab sofort Visa, die ein halbes Jahr Gültigkeit haben. Die ersten Ostberliner waren schon heute Nacht auf dem Kurfürstendamm und feierten. Kamen heute Morgen wieder brav und pünktlich zur Arbeit zurück. Knut rief gerade aus dem Projektierungsbüro an. Die ersten Sektflaschen wurden im Büro entkorkt. Keiner kann richtig arbeiten. Auf allen Etagen euphorische Stimmung. Gerade kam ein Anruf von einer Cousine aus Frankfurt (a. M.). Herzlichen Glückwunsch allen DDR-Bürgern, ihr habt die Grenzen selbst überwunden. Wir freuen uns auf euch und mit euch!!!! Das alles muss man erlebt haben. Es ist unglaublich. Frei sein nach 28 Jahren!!! Der Strom der Ausreisenden hatte in den letzten Tagen unvermindert angehalten. Die westlichen Medien berichteten unaufhörlich darüber. Seit der Öffnung der Grenze CSSR/Bundesrepublik Deutschland waren es täglich 6 000. Eine wichtige Schubkraft für die augenblickliche Entwicklung.

Es ist so viel in Bewegung gekommen, dass es mir vor Freude ganz schwindelig wird. Unsere Kinder kommen begeistert aus der Schule. Der Fahnenappell ist abgeschafft. Der Sonnabend frei. Der Staatsbürgerkundeunterricht ist vom Lehrplan gestrichen. Stattdessen soll es einen Bürgerunterricht geben, in dem über alle Religionen gelehrt wird. Viel Zeit soll für Gespräche mit den Schülern eingeräumt werden. Gestern forderte die CDU noch im ersten Halbjahr 1990 freie Wahlen. Mit der Pflicht, in die Kabine zu gehen. Seit meinem 18. Lebensjahr benötigte ich zur Wahl immer eine große Portion Mut, um in die Kabine zu gehen. Meine Hand zitterte, wenn ich die Namen auf dem Stimmzettel durchstrich, was die einzige Möglichkeit war, mit Nein zu stimmen. Manchmal lag in der Kabine nicht einmal ein Bleistift. Dann musste er erst angefordert werden, was schon eine mittlere Revolution auslöste. Später ging ich mit Knut zur Wahl. Gemeinsam war das leichter. Auf dem Rückweg fühlten wir uns wie Helden. Einen kleinen Sieg gegen die Angst und die Mutlosigkeit hatten wir davongetragen. Auch wenn uns einige Nachbarn nach der Wahl nicht mehr grüßten. Oder zu grüßen wagten. Was wahrscheinlicher war, da sie bei der Volkspolizei arbeiten. Unsere wenigen Neinstimmen wurden dann auch noch manipuliert. Selbst in diesem Jahr. Die Machtarroganz der Herrschenden hatte keine Grenzen. Heute will sich Egon Krenz im Lustgarten mit seinen Getreuen einfinden, um mit den Genossen seinen „Erfolg" zu feiern. Das sind die Erfolge des Volkes! Hoffentlich sagt ihm das jemand. Nicht mit Egon Krenz den wunderbaren Tag verderben! Viel zu viele andere gute Stimmen aus unserem Land sind zu hören. Auch in der Neuen Zeit, die die Gründung einer christlich-demokratischen Jugendvereinigung bekannt gibt. Matthias Schlegel sagte zum Führungsanspruch der SED, „dass die SED einen Führungsanspruch durch einen größtmöglichen Anspruch an sich selbst vertritt", stünde im Gegensatz zur geforderten Führungsaufgabe des Volkes auf der Straße, dem sich viele SED-Mitglieder angeschlossen hätten. Darüber wird letztlich eine freie Wahl entschieden. Es bleibt nur zu hoffen, dass die Bürgerinitiativen, die nun auch ihre Zulassungen durch das Ministerium des Inneren erwerben können, genügend profilierte Kandidaten haben. Ich glaube, dass die DDR-Bürger erst dann an die friedliche Revolution glauben, wenn sie frei gewählt haben.

Neben mir auf dem Schreibtisch läuft mein Lesegerät heiß. Ich habe heute noch eine große Anzahl russischer Patente auszuwerten, die als Mikrofilme auf meinem Schreibtisch liegen. Kein einziges Patent habe ich bisher geschafft. So wird es wohl vielen DDR-Bürgern heute gehen. Was für ein Tag. Eben rief meine Schwester an und fragte, ob wir nicht gemeinsam nach Westberlin fahren wollten? Aber augenblicklich kann ich hier nicht fortgehen. Ich erwarte die Schulkinder. Und heute Abend findet im IFL eine Bürgerversammlung mit Vertretern der Volksbildung statt. Da gibt es viel Diskussionsstoff.

Potsdam, den 11.11.1989 – Historische Ereignisse haben ihre eigene Dynamik. Viel früher als gewöhnlich kamen die Kinder gestern aus der Schule zurück. Albrecht und Simon wollten sofort nach Westberlin. Allein wollte ich sie nicht fahren lassen. Knut konnte erst nach vier Uhr das Auto aus der Werkstatt abholen. Annegret versprach, bei den kleinen Geschwistern zu bleiben, bis der Vater kommen würde.

So fuhr ich mit den beiden großen Söhnen mit Bus und Straßenbahn nach Drewitz. Mit uns eine froh gestimmte Menschenmenge. Aber es waren ganz andere Menschen, als die, die wir von den Versammlungen und Demonstrationen kannten. Die waren friedlicher und leiser. Damals ging es um politische Veränderungen und Ziele. Die Menschen, die uns im Bus umgaben, wussten, dass jedem DDR-Bürger 100 DM ausgezahlt werden sollten. Der Grenzübertritt war ganz unproblematisch. Man erhielt einen Stempel in den Personalausweis.

Dann rollte der Bus langsam über die Grenze. Da wurde es plötzlich ganz still. Albrecht und Simon schauten mich ungläubig an. Das erste Mal in ihrem Leben passierten sie diese Grenze. Dann rief der Busfahrer ins Mikrofon: „Herzlich willkommen in Westberlin!" Gewaltiger Jubel brach aus. In Berlin-Wannsee wurden wir von einer wogenden Menge in irgendeine S-Bahn geschoben. Am Bahnhof Zoologischer Garten schob man uns wieder heraus. Irgendwann standen wir vor der Gedächtniskirche, wo der Außenminister H. D. Genscher die Menschen aus Ost und West begrüßte. Wir befanden uns plötzlich in einer großen Party. In einem kleinen italienischen Restaurant am Rande des Platzes aßen wir eine Pizza piccolo, tranken Cola und Rotwein, und ich bezahlte mit meinen Westgeldreserven. Wir schauten aus sicherer Entfernung auf das Spektakel, dessen Inszenierung wir noch immer nicht ganz begreifen konnten. Irgendwann waren wir müde und hatten Sehnsucht nach dem anderen Teil der Familie. Wir gelangten in ebenso überfüllten Bahnen und Bussen wieder nach Hause, wo uns Knut, die Kinder und die Großmutter schon erwarteten. Sie waren mit dem reparierten Auto nach Berlin-Schöneberg gefahren, wo sie mit Bundeskanzler H. Kohl und dem regierenden Bürgermeister den Fall der Mauer feierten. Auch sie hatte die Sehnsucht nach dem anderen Teil der Familie wieder nach Hause getrieben. So feierten wir mit irgendeinem Getränk, das gerade zu haben war, bis spät in die erste grenzenlose Nacht. Freuten, hofften und bangten um die Zukunft.

Noch lange ist nicht alles geschafft. Vielleicht wird der Fall der Mauer den Flüchtlingsstrom stoppen. Aber wie wird unser Land zukünftig regiert werden? Auch Albrecht und Annegret diskutieren eifrig mit. Die politischen Diskussionen der letzten Wochen haben ihre Blicke und ihr Interesse geschärft. Politik macht erstmals Spaß, da sie erlebbar erscheint. Dass nur ein einziger Satz eines ZK-Mitgliedes die jahrzehntelange Unfreiheit von 17 Millionen Menschen in einem Moment aufheben konnte, ist beeindruckend. Aber auch symptomatisch und gefährlich. Das darf so nicht bleiben. Da dürfen wir nicht nachlassen. Mit einem Stadtplan von Berlin wollen Annegret und Albrecht heute noch einmal nach Westberlin fahren. Denn es ist Sonnabend, und der ist nun auch in der DDR schulfrei.

`Potsdam, den 20.11.1989` – Lange konnte ich nichts ins Tagebuch eintragen. Die spannenden Ereignisse in unserem Land traten hinter den familiären Geschehnissen zurück. Constantin benötigte plötzlich alle unsere Kräfte. In der Nacht zum 16. November erbrach er um 2.00 Uhr das erste Mal. Sein Zustand verschlechterte sich zusehends. So fuhren wir um 7.00 Uhr mit ihm ins St. Josefs Krankenhaus. Erst um 9.00 Uhr schaute ihn ein Arzt an. Dann ging plötzlich alles ganz schnell. Eilig kam er in den OP. Die Ultraschalluntersuchung hatte den Verdacht auf perforierten Blinddarm bestätigt. Von 9.30 Uhr bis 11.30 Uhr warteten Knut und ich auf dem

Flur vor der OP-Tür. Gut, dass ich mich an Knuts warmer Hand festhalten konnte. Endlich wurde Constantin an uns vorbeigefahren. Sein Gesicht war klein, blass und fremd. Nachmittags durften wir das erste Mal zu ihm. Er schlief. Die Geräte tickten. Drei Schläuche waren in seinem Bauch. Solange wir an seinem Bett sitzen konnten, war alles erträglich. Aber dann zu Hause. Der leere Platz am Abendbrottisch. Das leere Bettchen, in das sich Hanna zum Trost für Cornelius legte. Die Nacht war dunkel und voller Ängste. Schon um 5.00 Uhr gingen Knut und ich wieder auf die Intensivstation. Constantin lebte. Er hatte die ersten 24 Stunden überstanden. Ernst und blass sah er in unsere übernächtigten Gesichter. Um 6.30 Uhr musste Knut nach Torgau fahren. Ich machte den Schulkindern Frühstück und versuchte am Schreibtisch, für das Institut zu arbeiten. Wenig gelang. Dann kam ein Anruf aus dem Krankenhaus. Großer Schreck! Aber ich wurde nur gebeten, einige Kinderbücher für Constantin zu bringen. Gleich stürmte ich ins Krankenhaus. Das Fieber und die Leukozytenzahl waren gesunken. Morgen wird der erste von drei Schläuchen aus dem Bauch gezogen. Constantin hat noch starke Schmerzen, die mit Morphium gelindert werden. Vom Bauchnabel hinab hat er eine 10 Zentimeter lange Narbe. Und auch im Bauch ist noch eine große Entzündung auszuheilen. Noch ist er nicht über dem Berg. Aber alles sieht schon hoffnungsvoll aus. So können sich unsere Seelen langsam beruhigen. Viele Stunden saß ich an Constantins Bett und las ihm vor. Manchmal schlief er ein. Nun müssen wir uns in hoffnungsvoller Geduld üben.

Weihnachtsbrief, Potsdam im Advent 1989 – In einer Novembernacht hatte sich über unser Land eine weiße Schneedecke gelegt. Alles war zugedeckt. Für eine Atempause. Hocherfreut stürmte Cornelius in den unberührten Garten. Da der Zwillingsbruder Constantin mit einem perforierten Blinddarm schwer krank in der Klinik lag, baute er sich einen kleinen weißen Gefährten aus Schnee. Kopf und Hals trugen Mütze und Schal des fehlenden Bruders. Als der Regen die weiße Pracht hinwegfegte, war auch der kleine kalte Geselle verschwunden. Erst Tage später entdeckten wir den Schneemann völlig unversehrt in der Tiefkühltruhe. Die schweren Tage überstanden hatte auch Constantin. Noch etwas schmal und blass konnte er den ersten Advent wieder in der Familie feiern. Hanna, die im August während unseres Ungarnurlaubs auch am Blinddarm operiert werden musste, stellte fest, dass uns noch immer allerhand passieren könnte, denn wir hätten noch immer fünf Blinddärme in der Familie. In diesem Jahr sind alle unsere sechs Kinder Schüler. Das wird es nur ein Jahr geben, denn Annegret bereitet sich schon auf das Abitur vor. Aber es ist nicht leicht, in Zeiten großer revolutionärer Veränderungen Schüler zu sein. Heimatkunde-, Staatsbürgerkunde- und Geschichtsbücher müssen neu geschrieben werden. Wie und von wem wird das neue Buch DDR-Geschichte geschrieben werden?

Potsdam, den 23.2.1990 – Nur zwei Monate sind seit dem letzten Eintrag vergangen. Längst ist Egon Krenz abgesetzt worden, und es regiert das Modrowkabinett. Gregor Gysi ist Vorsitzender der neu gegründeten PDS. Die Stasi wurde aufgelöst. Einige ihrer Gebäude wurden vom Gesundheitswesen übernommen. Es gibt viele arbeitslose Stasileute, die ihr Unwesen treiben. Bombendrohungen an öffentlichen Einrichtungen. Wie am 6.2.1990 in Annegrets Schule, wo man sich gerade vom alten Direktor trennte. Wir sind mitten im Wahlkampf. Am 19. März wird es die ersten freien Wahlen geben. Viele Parteien haben sich zu Wahlbündnissen zusammengeschlossen: Allianz für Deutschland (CDU, Demokratischer Aufbruch, DSU), das alternative Bündnis (Die Grünen, Neues Forum, Vereinigte Linke), die SPD mit Demokratie Jetzt. Im ehemaligen Stasigefängnis in der Lindenstraße haben alle neuen Gruppen und Parteien ihr augenblickliches Domizil gefunden. Eine merkwürdige Situation. Vergitterte Fenster. Dahinter fröhlich-entspannte Menschen, die bunte Papiere mit Wahlprogrammen verteilen. Vor dem „Lindenhotel" parken dicke Westautos. Die Allianz für Deutschland hat sich die Vereinigung beider Länder im Herbst 1990 auf die schwarz-rot-goldenen Fahnen geschrieben. Bundeskanzler Kohl ist nun in dieser Angelegenheit unterwegs. In Moskau, Warschau, Paris, Brüssel und London. Die Alliierten müssen dem Plan zustimmen. Ein Leben wie in einem Strudel. Und doch erscheint uns diese Lösung gut vorstellbar. Die SPD mit Oskar Lafontaine an der Spitze will die Vereinigung nicht. So ist uns die CDU mit ihren Plänen augenblicklich näher.

Als wir am 7. Oktober zu unserer ersten Demonstration aufbrachen, kämpften wir für einen Sozialismus mit menschlichem Antlitz. Nun hat die sanfte Revolution ihre Eigendynamik bekommen. Der Führungsanspruch der kom-munistischen Parteien der Länder des Warschauer Paktes muss nun durch freie Wahlen bestätigt werden. Die Möglichkeiten für eine sozialistische Demokratie scheinen lange verspielt zu sein. Auch gibt es durch den maroden Zustand der Volkswirtschaften dafür keine wirtschaftlichen Voraussetzungen mehr. Was wir lange nicht wussten, da auch die Statistiken geschönt waren. Nun werden wir uns auf das Abenteuer der sozialen Marktwirtschaft einlassen müssen. Was auch immer das sein wird. Die ersten Vorwehen

machen sich schon bemerkbar. Betriebe werden von westdeutschen Firmen aufgekauft, „gesundgeschrumpft" oder abgewickelt. Es gibt die ersten privaten Neugründungen. Überall westliche Präsenz. Und Wolf Biermann singt: „Und was wird aus unseren Träumen?"
Ich lese in der Neuen Zeit, dass Egon Krenz schon eine neue Arbeit hat. Für 1,5 Millionen DM hat er seine Geschichte an die Bildzeitung verkauft. Nun wird er Schriftsteller, während seine Genossen im Gefängnis an Gedächtnisverlust leiden. Und beteuern, nur auf Anweisung im Sinne des geltenden DDR-Rechtes und in bestem Glauben gehandelt zu haben.

Rechenberg, den 25.2.1990 – Seit vier Stunden sind wir im Erzgebirge. Für eine Woche sind wir mit den Kindern dem hektischen Berlin-Brandenburg entflohen. Aber auch in Sachsen tobt der Wahlkampf. Nur etwas gemütlicher. Die Wahlplakate werden hier nicht ständig abgerissen. In allen Ortschaften wehen uns die grün-weißen sächsischen Fahnen und die Deutschlandfahnen entgegen. Bisher wussten wir nicht, dass Sachsen eine eigene Fahne hat. Wo haben sie die nur alle so schnell her? Das erste Mal sind wir nur mit vier Kindern hier. Simon ist jetzt der Älteste. Er hat gleich neben uns ein eigenes Zimmer. Hanna und die Zwillinge haben ein gemeinsames Zimmer. Wir wohnen in der oberen Etage allein. So müssen wir uns nicht sorgen, andere Urlauber zu stören. Die Kinder nehmen die neue Umgebung fröhlich in Besitz. Wir glauben, dass wir sicher das letzte Mal hier sein werden, da sich das Autobahnbaukombinat demnächst in verschiedene Teilbetriebe zersplittern wird. Dann wird dieses Haus sicher verkauft werden. Annegret fährt morgen nach Köln, wo sie bei Freunden wohnen wird, um eine Woche in ein Kölner Gymnasium zu gehen. Albrecht fährt nach

Angermünde zu den Großeltern. Nun wollen wir uns am Schnee und an der guten Luft freuen.

Rechenberg, den 27.2.1990 – Heute Nacht gab es Schnee. Aber nur eine Mütze voll. Zum Skilaufen reicht er nicht. Nur für einen Schneemann. Wir wanderten und picknickten im Wald. Ganz plötzlich zogen finstere Wolken auf. Sturm peitschte die Bäume zu Boden. Ein scharfes knackendes Geräusch in der Nähe der spielenden Kinder. Dann war alles still. Erschreckt stürmten wir in ihre Richtung. Gott sei Dank, sie kamen uns unversehrt entgegen. Als die Sturmböe kam, hatten sie sich schnell auf den Boden geworfen. Dann schauten wir uns die drei gefällten Fichten an, die ganz in der Nähe in einer Sekunde zu Boden gegangen waren. Wir dankten unserem Schutzengel, dass wir alle unbeschadet geblieben waren!

Ich lese mit Knut im Wechsel Stefan Heyms „Schwarzenberg". Das neutrale Schwarzenberg, das es 1945 für kurze Zeit zwischen den Fronten gab, erinnert an die augenblickliche Noch-DDR. Eine kurze Zeit der Träume und Utopien. Nun hat uns die realexistierende Marktwirtschaft schnell eingeholt. Aber es gibt viele gute Veränderungen. Ob die marxistischen Kategorien der Gesellschaftsordnungen noch Gültigkeit haben? Ich glaube es nicht. Sie galten für das 19. und 20. Jahrhundert. Ganz können Knut und ich das Diskutieren nicht aufgeben. Und natürlich gibt es auch in Rechenberg Zeitungen und einen Fernsehapparat.

Rechenberg, den 1.3.1990 – Heute Nacht hatte der Wind unablässig an den Schindeln des Daches gerüttelt. Zuerst brachte er Regen, dann kam der ersehnte Schnee. Etwa 20 Zentimeter. Die Kinder jubelten. Nach dem Frühstück stürmten sie sofort auf den Rodelhang. Nach zwei Stunden kamen sie mit triefend nassen Hosen und roten Wangen zurück. Ich hatte den stillen Vormittag genutzt, um „Schwarzenberg" auszulesen. Nun liest Knut. Als hätte Stefan Heym geahnt, dass das Gebilde eines demokratischen Sozialismus zwischen den beiden aufeinanderprallenden feindlichen Lagern des heißen und kalten Krieges noch einmal von kurzzeitigem Interesse sein könnte. Das Land Utopia. Für die Amerikaner war es uninteressant. Für die Russen von gefährlicher Brisanz. Denn schließlich gab es hier Uranvorkommen. So schluckten die Russen Schwarzenberg „in einem Aufwasch" und gaben den träumenden kommunistischen Fantasten in die Obhut des KGB. Das Mädchen Pauline, das in der Bombennacht von Dresden stumm geworden war, wurde vom KGB-Offizier vergewaltigt. Und klagte an. Jenen eifrigen Kommunisten, der sie in der Bombennacht neben den einstürzenden Mau-ern liegen ließ. Er hatte Wichtigeres zu tun, als einen einzigen Menschen zu retten. Er musste der „Sache" dienen. Der Sache dienen. Das war die Verwahrlosung des Herzens. Der Verrat an der Utopie. Nun werden wir schnell mit unseren hungrigen Kindern zum Mittagessen nach nebenan gehen. Ein Fest für die Mama!

Potsdam, den 19.3.1990 – Heute strahlte die Sonne den ganzen Tag vom Himmel. Auf ein fröhliches 17-Millionenvölkchen. Heute gab es die ersten freien Wahlen seit 1932. Unter den Wahlhelfern waren zum ersten Mal viele unserer Freunde. Nach den Wochen des Wahlkampfes mit vielen Feindseligkeiten zwischen den Parteien, geschürten Ängsten von der PDS, hatten wir uns zu einer lockeren Haltung durchgerungen. Auch im Freundeskreis gab es nach dem Gleichklang im Widerstand sehr gegensätzliche Meinungen. Aber diese

Meinungsvielfalt müssen wir lernen. Und aushalten. Auch in der Familie gab es heftige Diskussionen. Keinen Gleichklang. Aber wir dachten, wen auch immer unser Volk wählen wird, es kann nur besser und demokratischer werden. Nachdem wir schon um 10.30 Uhr zur Wahl gegangen waren, warteten wir gespannt auf die ersten Hochrechnungen um 18 Uhr. Dann kam das erste Ergebnis. Die CDU lag mit 48 % an der Spitze. Die PDS bekam nur 16 %. Hurra! Wir hatten unsere alte Macht abgewählt! Nur das zählte wirklich. Alles andere wird sich zeigen. Bis nachts um 2.00 Uhr feierten wir mit Freunden, Kindern und Nachbarn.

Potsdam, den 28.5.1990 – Am 6. Mai hatten wir Kommunalwahlen. Sie waren längst nicht mehr so aufregend wie die Landeswahlen. Obwohl auch nicht unwichtig. Die Menschen sind nun mit anderem beschäftigt. Mit ihrem Geld und ihrer Arbeit. Am 2. Juli wird unser DDR-Geld auf die D-Mark umgestellt. Endlose Schlangen stehen vor den Banken. Die Renten und Gehälter werden 1:1 umgestellt. Jeder DDR-Bürger bis zum 14. Lebensjahr kann 2.000 DDR-Mark 1:1 umtauschen, jeder Bürger zwischen dem 14. und dem 60. Lebensjahr 4.000 DDR-Mark, Rentner 6.000. Alles darüber wird 1:2 getauscht. Mit unseren schmalen Konten haben wir keine Probleme. Für uns wird es keine Verluste geben. Die Betriebe werden auf ihre Rentabilität überprüft. Viele Betriebe haben einen viel zu großen unproduktiven Verwaltungsapparat. Auch in meinem Institut gibt es hitzige Diskussionen. Ich bin froh, dass ich durch meinen Sondervertrag die meiste Zeit am häuslichen Schreibtisch arbeiten kann. So bleiben mir die leidigen Personalquerelen erspart. Sie haben schon viele Zerwürfnisse verursacht. Knut lächelt. Und das mit Recht. Sein Projektierungsbüro arbeitete schon immer sehr ökonomisch. Und die Bauindustrie boomt augenblicklich. Da wird es keine Entlassungen geben. Allerdings wird sich die Brücken- und Straßenprojektierung des Autobahnbaukombinates als selbstständige Firma etablieren. Ich sehe das alles auch gelassen. Nach 17 Jahren hänge ich nicht sehr an meinem Arbeitsplatz im Institut, den ich für die Erziehungsjahre ohnehin oft verlassen musste. In den Zeitungen sehe ich viele Inserate von Pharmafirmen, die Chemiker suchen.

Die Unfälle haben auf unseren Straßen drastisch zugenommen. Ich bin immer froh, wenn die Kinder gesund über den verkehrsreichen Platz der Nationen gekommen sind, der nun bald Luisenplatz heißen wird. Wenn wir aus dem hektischen Westberlin oder Potsdam nach Hause kommen, genießen wir unseren stillen Garten mehr als je zuvor. Von diesem Platz, der durch die Unterstützung der Schwiegereltern nun auch schuldenfrei ist, kann uns niemand vertreiben. Das ist ein gutes Gefühl. Aber es wird in unserem Land viele Menschen geben, die keine Sicherheiten haben, verbraucht und müde sind und sich nicht mehr den neuen Anforderungen stellen können. Wer wird für sie da sein? Welche sozialen Aufgaben wird der Staat übernehmen?

Potsdam, den 30.6.1990, 23.45 Uhr – In 15 Minuten tritt die Währungsunion in Kraft. Am heutigen Sonnabend waren alle Geschäfte geschlossen. Bis gestern Mittag konnten die letzten Waren in DDR-Währung gekauft werden. Aber nur noch Lebensmittel. Ganz still war es heute in der Stadt. Die Regale in den Geschäften waren leer. Wir machten unseren ersten Lebensmitteleinkauf für das Wochenende in Berlin-Wannsee. Knut wird seine Arbeit behalten. Am Jahresende wird er schon das Doppelte verdienen. Wir werden durch unsere große Kinderschar wesentlich weniger Steuern bezahlen. Mein Institut wird seine Mitarbeiterzahl von 230 auf 130 reduzieren. Ob ich bei den Entlassungen dabei sein werde? Inzwischen habe ich mich bei zwei Pharmafirmen beworben. Am 26.7. bin ich zu einem Aufnahmegespräch in Berlin ins Steigenberger Hotel eingeladen. Da werden wir gerade von unserer Westreise aus Frankfurt zurück sein. Es ist 24.00 Uhr. Nun sind wir „Halbwessis". Feuerwerkskörper knallen. Die Glocken der Erlöserkirche läuten. Knut und ich sitzen in unserem noch sonnenwarmen Garten und trinken mit den beiden großen Kindern Sekt. Alles ist so unwirklich und so aus den Fugen geraten, dass wir dankbar sind, uns an den Händen halten zu können und auf festem eigenen Boden zu stehen. Pläne werden entworfen: Annegret, die gerade glanzvoll das Abitur an der Humboldtoberschule (die nun Gymnasium heißen wird) absolvierte, hofft zunächst auf ihre Zulassung zum Zahnmedizinstudium. Reisen. Vielleicht ein Auslandssemester? Albrecht, der die 10. Klasse an der Russischschule Wladimir-Iljitsch-Lenin sehr gut abschloss, wird im Herbst zum Helmholtzgymnasium gehen. Er würde gern mit Freunden durch Irland reisen. Später auch im Ausland studieren? England oder Frankreich? In den Zimmern der Kleinen ist es schon lange still. Ihre Träume sind noch kleiner und leichter erfüllbar. Eine Barbiepuppe für Hanna und alle Astrid-Lindgren-Bücher! Legosteine für die Zwillinge. Möge das neue Geld uns niemals ausgehen. Sagt Knut. Und uns nie verändern.

Angermünde, den 31.7.1990 – Wieder sind wir mit den Kindern in unserem Ferienhaus am Wolletzsee. Diesmal sind wir nur sechs Personen. So haben die Kinder mehr Platz, was die Konflikte minimiert. Die Kinder haben seit drei Wochen

Ferien. Zwei Wochen waren wir mit ihnen bei Verwandten in Rheinland-Pfalz und in Heilbronn. Danach in Frankfurt. Prospekte von Speyer, Worms, Kloster Limburg und Heidelberg liegen auf unserem Nachttisch. Nun können wir noch einmal alle Stationen nacherleben. Zum ersten Mal bekamen wir ein Gefühl von den vielen unterschiedlichen Landschaften und Ländern Deutschlands. Mit den Verwandten konnten wir über die aufregenden letzten Monate reden. Nach der Währungsunion beginne ich beim Einkaufen, das erste Mal auf die Preise zu achten, was mir nicht so gefällt. Aber nun müssen wir viel stärker auswählen, da es preisliche Unterschiede gibt. Von meinem Institut erhielt ich wegen der bevorstehenden Strukturveränderungen ein Kündigungsschreiben. Ich nahm das gelassen hin. Vor einer Woche hatte ich ein Aufnahmegespräch bei einer amerikanischen Pharmafirma. Gerade bekam ich einen Brief mit den Flugtickets zur Vertragsunterzeichnung am 10. August in München. Noch bin ich mir nicht sicher, auf was ich mich da eingelassen habe. Zumal ich ab Oktober eine zwölfwöchige Ausbildung in Bayern absolvieren müsste. Aber die Familie findet das toll. Besonders, weil ich einen Audi 80 als Dienstwagen bekomme. Und einen Laptop. Ich lege mich auf die seidige Wasseroberfläche und genieße für einige Augenblicke die Schwerelosigkeit.

Da die Zwillinge schon im Kindergarten das Schwimmen gelernt haben, ist es für uns nun am Wolletzsee wesentlich entspannter. Jetzt können sie mit den Geschwistern mithalten. Albrecht, der uns von einer Rüstzeit kommend nachreiste, wohnt bei den Großeltern in Angermünde. So kann er auch seine neue Freundin in Eberswalde besuchen. Annegret ist zu ihrer Brieffreundin nach Holland gereist. Über uns fliegen skandinavische Flugzeuge. Das sehnsuchtsvolle Nachschauen hat jetzt einen anderen Aspekt. Der Konjunktiv beflügelt. Hier am Wolletzsee hat sich nicht viel verändert. Nur die Bierbüchsen, Colaflaschen und Joghurtbecher verweisen auf die neue Zeit. Und wir können jetzt alle Teile des Sees mit dem Ruderboot befahren. Das Jagdschloss, Erich Mielkes Sommerhaus, wird zur Klinik umgebaut. Alle Stasibewacher sind verschwunden. Wir haben den letzten Pfälzer Wein ausgetrunken. In den Kinderbetten ist es schon lange still geworden. Die gleichmäßig schwappenden Wellen des Sees erzählen uns von dem ewigen Wechsel der Zeiten seit der Eiszeit.

Ein Jahr lang bleiben die Tagebuchseiten leer. Dafür füllt die Autorin täglich ihren prallen Terminkalender. Zwölf Wochen lang absolviert sie eine Ausbildung zur Pharmareferentin in Bad Aibling. Jedes Wochenende fliegt sie zwischen München und Berlin hin und her, Jahre und Entwicklungen in nur wenigen Stunden überspringend. In ihrem Ländchen müht man sich mit der neuen ungewohnten Demokratie. Und der Anarchie der Zwischenräume. In Bayern erlebt sie saturierte Bürgerlichkeit und kapitalistisches Management höchster Perfektion. Während es im kleinen Ländchen an allen Orten klemmt, stellen sich die Schulkinder und Knut geduldig und tapfer den Veränderungen. Im Januar 1991 beginnt ihre neue Arbeit. Der Biedermeierschreibtisch im Schlafzimmer erhält eine neue Bestimmung. Wird Büro mit Laptop. Ordner über die Wirkungsweise der Pharmaka füllen das kleine Regal. Jeden Tag besucht sie eine andere Klinik im Land Brandenburg, die gerade umgebaut, ausgebaut oder abgewickelt wird.

Angermünde, den 22.7.1991 – Gemächlich bewegt der Wind die Wasseroberfläche des Wolletzsees. Gemächlich schlagen die Wellen an die tragenden Balken unseres kleinen

Holzhauses. Wir haben Urlaub. Fünf lange Sommerwochen. Nur langsam gelingt es, sich dem geruhsamen Rhythmus der Natur anzupassen. Noch sind unsere Träume von Terminzwängen und hektischen Fahrten auf chronisch verstopften Straßen angefüllt. Wir versuchen, über das alltägliche Maß zu schlafen. Annegret und Albrecht haben schon eigene Urlaubspläne. Nach zwei Wolletzseewochen werden wir mit den vier „kleinen" Kindern für zwei Wochen nach Wyk auf Föhr an die Nordsee fahren, wo wir eine Ferienwohnung mieteten. Noch kennen wir die Nordsee nicht und sind gespannt. Augenblicklich erprobt Cornelius mit unserem kleinen Segelboot die geheimnisvollen Gesetze der Aerodynamik. Simon, Constantin und Hanna verfolgen ihn besorgt mit dem Ruderboot, wenn der Wind ihn zu weit vom Ufer abtreibt. Knuts Firma hat mit der GmbH-Gründung den Übergang in die Markwirtschaft bewältigt. Seit dem Sommer 1990 ist die Projektierungsabteilung für Brücken- und Straßenbau aus dem Autobahnbaukombinat ausgegliedert und eine eigenständige Firma geworden, die zurzeit viele Aufträge hat. Viele Projekte konnten in den DDR-Jahren aus Kostengründen nicht realisiert werden. So gibt es viel aufzuholen. Ich habe mein Probehalbjahr bei der Firma MSD gut überstanden. Viele Medikamente meiner Firma wurden in den Kliniken inzwischen geordert. Wie Gen-Habewachs – ein Hepatitis-B-Impfstoff. Bei den Gesprächen mit Ärzten und Apothekern in den Kliniken begegne ich Veränderungswilligkeit, Aggression, Angst, Trauer, Hoffnung und Resignation. Befindlichkeiten, die so rasante Veränderungen sicher immer begleiten werden. Denn nie wird nur Gutes entstehen und Schlechtes vergehen. Dass wir nach so vielen Jahren der Stagnation endlich Veränderungen erleben, empfinde ich als Glück. Langsam taucht die rotgoldene

Sonne hinter den Baumspitzen des gegenüberliegenden Waldes ab. Schweigen breitet sich aus, nach dem ich mich nach all der Geschwätzigkeit der letzten Wochen so sehr sehne.

Angermünde, den 23.7.1991 – Heute ist unser zweiter Ferientag im Seehäuschen. Die Kinder haben ausgiebig gebadet. Jetzt bauen sie am Waldrand eine Blockhütte. Papa gibt fachmännische Ratschläge. Ich freue mich über die geruhsame und erholsame Zeit ohne Terminkalender, Dienstwagen, Telefon und Laptop. Der erste richtige Urlaub seit einem Jahr. Das ist himmlisch. Obwohl ich meine Arbeit sehr mag, bin ich erleichtert, endlich Abstand zu haben. Annegret arbeitet die letzten Wochen im Potsdamer Klinikum, wo sie vor dem Medizinstudium ihr Vorpraktikum absolviert. In drei Wochen wird sie mit einer Jugendgruppe nach Italien fahren. Im September beginnt sie in Berlin mit dem Zahnmedizinstudium. Albrecht ist zurzeit mit Johannes an der Ostsee. Dann wird er mit zwei Schulfreunden in die Bretagne reisen. Seit meiner intensiveren Berufstätigkeit sind auch Constantin und Cornelius, Hanna und Simon selbstständiger geworden. Aber dennoch haben wir täglich stundenweise eine Kinderfrau eingestellt, die die Kinder bis zu meiner Rückkehr betreut. Meine Arbeit außerhalb der gewohnten vier Wände empfinde ich als hilfreich und spannend. Ich bekomme Abstand von den häuslichen Problemen, die aus der Außenperspektive plötzlich viel harmloser und leichter erscheinen. Die Tatsache, dass ich die Arbeit bisher gut bewältigte, verleiht mir Selbstvertrauen. Ich glaube kaum, dass ich als Pharmareferentin bis an mein Lebensende arbeiten werde. Natürlich habe ich noch viele andere Ideen. Aber augenblicklich ist es für mich eine gute Möglichkeit, als Chemikerin zu arbeiten. Auch unserem Familienkonto bekommt mein Gehalt gut. Die Kinder umlagern mich. Sie sind vom Waldrand zurückgekehrt und wollen nun unbedingt wissen, was ich alles in mein Tagebuch schreibe. Cornelius hat das kleine Segelboot wieder aufgetakelt. Simon und Constantin verfolgen ihn mit dem Ruderboot. Hanna und Susan mit dem Schlauchboot. Und wir verfolgen amüsiert die Armada von der Terrasse aus. Als Cornelius vom Wind in die kleine Bucht gedrückt wird, schleppen die Brüder den schimpfenden Bruder mit dem Ruderboot ab. Ich wende mich meinen Pellkartoffeln zu. Freue mich, dass wir uns hier im Urlaub wieder mit den einfachsten Dingen befassen können. Beinahe so primitiv wie in der Bronzezeit leben. Ohne fließendes Wasser. Nur mit Adlerquellwasser und Strom. Im Rückzug zur Natur werden wir das rechte Maß zurückfinden. Viel zu schnell überrollte uns die Techniksucht der neuen Zeit. Viel zu viele Stunden starren wir am Tag auf Displays und Bildschirme. Da ist die reine Natur hier sehr heilsam. Und ich beklage mich auch nicht über meinen vorsintflutlichen kleinen Elektrokocher, der nur zwei Kochplatten hat.

Angermünde, den 29.7.1991 – Mit dem Boot sind wir heute bis zu den Inseln und nach Wolletz gefahren. Das Stasischloss ist jetzt eine Reha-Klinik. Die einstigen Bewacher angeln mit finsteren Mienen im See. Am Sonntagnachmittag waren wir bei der Großmutter im Krankenhaus. Durch einen Schlaganfall sind ihr linker Arm und ihr linkes Bein leicht gelähmt. Die Bewegungsübungen haben die Lähmungen aber wieder gut behoben. Als wir die Schwiegermutter am Sonntag besuchten, kam sie uns angekleidet entgegen. Das erste Mal sprach sie vom Entlassungstermin. Vielleicht hat die Lebendigkeit der Kinder der Großmutter neuen Lebensmut gegeben. Wir hoffen, dass sie mit einer Haushaltshilfe das Leben im eigenen Haus wieder bewältigen kann. Nach dem Krankenhausbesuch fuhren wir zur Glambecker Mühle. Eine Stunde nur dichter Laub- und Nadelwald. Viele dieser Wege waren früher wegen des Stasischlosses gesperrt. Jetzt können wir die nahezu unberührte Natur ungehindert genießen, die schon von den Askaniern und Hohenzollern wegen des reichen Wildbestandes geschätzt wurde. Vom Gutsschloss sind nur ein Schutthaufen und der Taubenturm erhalten geblieben. Eine tausendjährige Eiche erinnert an den alten Gutspark. Und eine stinkende Kläranlage an die jüngste Vergangenheit.

Angermünde, den 2.8.1991 – Man muss das immer wieder von neuem lernen: innezuhalten. Denke ich. Viel zu schnell gerät man in den Strudel der angeblichen Wichtigkeiten. Die Kinder baden lärmend. Es ist heute glutheiß. Sie zanken sich. Simon tunkt Constantin, der nun lauthals schreit. Beide Zwillinge ziehen Simon an den Beinen. Er strampelt sich mit großem Geschrei los. Knut schimpft. Er schimpft immer, wenn die Kinder sich zanken. Ich denke, dass vier lebendige Kinder auch Konflikte haben und austragen dürfen. Auch wenn es uns nicht so angenehm ist. Und andererseits beobachte ich, dass sie einander nicht wirklich schaden, da sie sich auch sehr gern haben und das Leid des Geschwisterkindes die kindliche Bosheit einschränkt. Mit dem Zeh stupse ich Knut am Bein. Meine Sicht kann ich Knut nur unsichtbar mitteilen. Für die Kinder ist es wichtig, dass wir Geschlossenheit zeigen. Ich denke, dass auch Knuts Eltern sich nie offen miteinander auseinandersetzten. Sie grummelten nur. Aber so richtig gut geht es ihnen nicht miteinander. Sie haben große Probleme, gemeinsam Konflikte und Probleme zu lösen. So gehen sie auch das augenblickliche Großmutterproblem noch immer nicht an. Obwohl dringend eine Lösung gefunden werden müsste. Denn wir glauben, dass die Großmutter den Dreipersonenhaushalt in Zukunft nur mit einer Hilfe bewältigen wird.

Angermünde, den 3.8.1991 – Die Kinder sitzen in Badehosen auf der Holzterrasse und spielen Sagaland. Das Wasser ist augenblicklich nicht einladend. Der See blüht. Kleine gelbgrüne Pünktchen treiben auf dem Wasser. Aber ein kleines Bad wage ich dennoch. Ich lasse mich auf der lauwarmen Oberfläche treiben. Knut schwimmt mir entgegen. Er umarmt mich. Wir sinken unter die Wasseroberfläche. Steigen prustend und lachend wieder auf. Wir schwimmen zu den Kindern und bereiten das Abendbrot. Knuts Bruder besucht uns. Karl ist mit dem Fahrrad von Angermünde gekommen. Er beklagt sich über den Vater, der seit Mutters Krankheit so unverträglich wäre. Wir schicken die Kinder ins Bett, die sich heute selbst Geschichten vorlesen müssen. Und heute ausnahmsweise friedlich sind. Ob sie das Erzählte verstanden haben? Karl sagt, dass sich das Verhältnis zum Vater eigentlich seit seiner Kindheit nie gebessert hätte. Als der Vater aus dem Krieg kam, war Karl zwei Jahre alt. Er hatte den Vater noch nie gesehen. Damals war er für ihn ein fremder Mann. Fremd blieben sie einander immer. Meinen Rat, mit dem Vater einmal zu reden, wehrt er resigniert ab. Im Grunde ist es ein Kampf um die Vormacht und die Liebe der Mutter, der vielleicht durch die räumliche Trennung abgemildert werden könnte. Knut fährt Karl mit dem Auto nach Hause. In den beiden Kinderzimmern ist es schon lange still geworden. Als Knut zurückkommt, können wir noch lange nicht einschlafen. Wir schauen in den sternenklaren Himmel. Die Wellen des Sees plätschern über unsere Sorgen hinweg. Am nächsten Morgen putze ich das Haus, beziehe die Betten mit frischen Laken, reinige die Fensterbänke. Knut packt Koffer und Taschen ins Auto. Unser Urlaub am Wolletzsee geht heute zu Ende.

Wyk auf Föhr, den 6.8.1991 – Nach einer achtstündigen Fahrt sind wir mit unserem Auto in Dagebüll angekommen. Das erste Mal in unserem Leben sehen wir die Nordsee, die sich sanft und zurückgenommen gibt. Weit am blassblauen Horizont ist Föhr schon zu erkennen. Daneben die Halligen mit den Häusern auf dem Rücken. Wir verteilen unser Gepäck auf sechs Personen, da wir das Auto am Fährplatz zurücklassen. Die Fähre ist leer. Mit Spannung erwarten wir den Augenblick, die Insel zu betreten. Den Weg zu unserem Ferienhaus hatten wir uns auf der Karte schon lange herausgesucht. Aber in Wirklichkeit und mit Koffern und Taschen wird er uns von Meter zu Meter länger und länger. Ein Taxi rettet uns aus unserer Not. Unser Ferienhaus ist aus roten Backsteinen gebaut. Fenster und Türen sind blendend weiß. Die Kinder beziehen die beiden Schlafzimmer. Knut und ich werden auf der Doppelliege im Wohnzimmer schlafen. Schnell haben wir alle Koffer und Taschen ausgepackt. Begeistert nehmen wir die gut eingerichtete Küche in Besitz. Nach einem ersten Kaffeetrinken auf der Terrasse spazieren wir durch die Gassen und Gässchen zum Meer. Wyk beherbergt viele Feriengäste. Die Deutschen scheinen hier ganz unter sich zu sein. Gehobener Mittelstand. Viele Familien haben ihr liebstes Spielzeug dabei: Mercedes, BMW, Volvo, Audi, Passat. Wir scheinen auf Wyk die einzigen Urlauber aus den neuen Bundesländern zu sein. Auch mit vier Kindern fallen wir aus dem Rahmen. Hier hat man zwei. Wir sitzen lesend am Strand und beobachten aus den Augenwinkeln das Spiel unserer Kinder mit Wasser, Sand, Muscheln und Steinen. Meine heiß umlagerte Kühltasche muss ich eisern unter Verschluss halten, damit der Inhalt später für die gemeinsamen Mahlzeiten reicht.

Wyk auf Föhr, den 8.8.1991 – Nach ausgiebigem Strandtag laufen wir durch die weiten Wiesen der Insel. Überall langhaarige, wippende Gräser. Wir freuen uns, nicht motorisiert zu sein. Unsere Wege sind nach unseren sechsfachen körperlichen Möglichkeiten zu bemessen. Die achtjährigen Zwillinge halten bei unseren Wanderungen tapfer mit. In der Gemeinschaft bemerken sie kaum, dass sie schon so viele Kilometer gewandert sind. Wir bewundern in den kleinen Ferienorten die reichen Auslagen der Geschäfte, die mit den wohlhabenden Urlaubern gute Umsätze machen werden. Antike und moderne Kunst in noblen Galerien. Schmuckläden, Buchläden, Teeläden. Vielen Kunsthandwerkern können wir bei der Arbeit zuschauen. Die Kreativität beflügelt die Fantasie der Kinder. Sie basteln und bauen mit Muscheln, Steinen und Stöcken. Viele Kunstwerke entstehen, die nun unsere Ferienwohnung an allen möglichen und unmöglichen Orten zieren. Auch mich ergreift eine große Lust zum Malen und Gestalten. Ich sortiere Muscheln und Steine auf meinem Schreibplatz und freue mich an der Vielfalt ihrer Farben und Zeichnungen. Betrachte sie so aufmerksam, als gäben sie mir wichtige Botschaften. Knut hat sich in seine Leseecke zurückgezogen. Die Schönheit der Insel und der Abstand von der Heimat besänftigen unsere Gemüter. Auch die Kinder haben heute Nacht lange und tief geschlafen. Zum Frühstück Unmengen duftender Brötchen verspeist, die Knut beim

Inselbäcker kaufte. Erst hier auf der fremden Insel weitab von Zuhause beginnen die Mühen und Anstrengungen der beiden letzten Jahre ganz von uns abzufallen.

Wyk auf Föhr, den 9.8.1991 – Die Zeit eilt viel zu schnell dahin. Jeder neue Tag leuchtet uns inselhell durch das Fenstergeviert entgegen. Im Zwillingszimmer säuselt es friedlich. Aus dem zweiten Zimmer schrillt Hannas Stimme: Geh weg, mit deinen Popelfingern! Sei ruhig, alte Hexe! Das kann ja heiter werden. Der pubertierende Simon und die vorpubertierende Hanna sind zurzeit ein zu ungleiches Gespann. Aber wir haben keine Ausweichmöglichkeit. Durch den Garten hüpfen kleine Maihasen. Cornelius möchte sich einen Hasen für Zuhause einfangen. Glücklicherweise sind die kleinen Langohren sehr flink und listig und weichen allen Begehrlichkeiten aus. Gold schimmernde Fasane scharren in den Beeten. Leider können wir nicht sechs Fahrräder ausleihen. Unsere große Familie scheint den Wyker Fahrradverleih zu überfordern. So werden wir zum Bauernmarkt nach Oevenum zu Fuß gehen. Das erweist sich als viel leichter als gedacht. Nach wenigen Kilometern grüßen schon die ersten roten Backsteinhäuser. Alle Gärten haben ihre üppige Blumenpracht noch einmal spätsommerlich zum Leuchten gebracht. Rosenstöcke in allen Farben, Hortensien blau, weiß und rosa, blasslila Fingerhut, weiße Margeriten, leuchtend gelbe Sonnenblumen, Cosmeen, Sonnenschild und Dahlien. Flache Steinwälle begrenzen die Gärten. Auf dem Bauernmarkt gibt es nur wenige Stände mit Kunsthandwerk, Kräutern, Tee und Holzspielzeug, die die Kinder neugierig umlagern. In einem Garten essen wir Mittag und trinken goldgelben Friesentee.

Als wir vom Markt nach Nieblum weiterwandern, begegnen uns viele schwarz gekleidete Menschen. Die Männer tragen schwarze Hüte. Sie alle streben zur Johanniskirche von Nieblum, wo offenbar eine Beerdigung ist. Die Trauergemeinde erweist sich als großer Gegensatz zum bunten Ferienleben. Der Lebenskreis schließt sich. Abends: Knut liest. Die Kinder spielen. So kann ich mich getrost zurückziehen und meinen Gedanken nachhängen: Das letzte Jahr war hektisch. Eine Herausforderung in jeder Form. Ich habe in kurzer Zeit vieles erlernen müssen: Die Wirkungsweise der Pharmaka, Anatomie, Biochemie, Audi fahren, die Arbeit am Computer, Buchhaltung, Gesprächsführung. Und nebenbei meine große Familie. Aber meine neu gewonnene Selbstständigkeit hat auch unserer Liebe geholfen. Wir begegnen uns wieder in gleicher Augenhöhe und haben durch die ähnlichen Belas-tungen mehr Verständnis füreinander. Mit anwachsender Kinderzahl hatten Knut und ich unsere Aufgaben immer mehr geteilt. Knut erledigte die Außenaufgaben. Ich die Innenaufgaben. Auch meine Arbeit für das Institut konnte ich beinahe ausschließlich am häuslichen Schreibtisch erledigen. Die Arbeitsteilung war praktisch, aber gefährlich. Die abnehmenden Außenaufgaben verunsicherten mich. Nun müssen wir sehr achtgeben, dass uns die Kinder nicht ent-gleiten, dass wir noch immer genügend Zeit für sie haben. Ab Oktober werde ich nur noch für den Klinikaußendienst zuständig sein. Das wird Erleichterung bringen.

In der natürlichen Umgebung beginne ich mich wieder als ein Teil des Ganzen zu empfinden, das sich hier auf so schöne und überschaubare Weise darbietet. Das macht mich leichtfüßig und fröhlich. Eine Insel ist einfach der beste Ort zum Urlaubmachen. Einfach strukturiert und überschaubar.

Weihnachtsbrief, Potsdam im Advent 1991 – Die Quecksilbersäule des Thermometers hat den Gefrierpunkt unterschritten. Ich ziehe den Zwillingen die Pudelmützen weit über die Ohren. Sie kuscheln sich wohlig in die gefütterten Anoraks. Hanna benötigt schon mehr Zeit als ihre Brüder. Sie streift sich, kritisch im Spiegel prüfend, ein rotes Strickband über Stirn und Ohren. Constantin und Papa drängen zur Eile. Dann steigen die drei Kleinen zum Papa in den Bus, der sie auf dem Weg zur Firma mit zur Schule nimmt. Simon und Albrecht haben noch Zeit. Das Helmholtzgymnasium öffnet erst um acht Uhr seine Türen. Die Krümel am Toaster erinnern an Annegrets Frühstück. In aller Frühe packt sie täglich ihren Rucksack. Seit Oktober studiert sie an der Humboldt-Universität in Berlin Zahnmedizin. Nun lernt sie Knochen und Knöchelchen, Venen- und Arterienstämme für die ersten Klausuren. Nachdem auch die beiden großen Söhne das Haus verlassen haben, genieße ich noch ein paar Minuten Stille. Gebe dem Kater Florian Milch. Nur ungern verlässt er seinen warmen Platz an der Heizung im Wohnzimmer und geht in den Garten. Ich fahre aus der Stadt heraus. Der gefrorene Atem der Nacht hat Gras und Zweige weiß bepelzt. Ich schalte das Radio ein. Es wird berichtet, dass alle Verhandlungen in die richtige Richtung gehen. Froh bin ich, dass ein blau-weißes Schild mir meinen heutigen Zielort anzeigt. In der Klinik spreche ich mit Ärzten und Apothekern über resistent gewordene Pseudomonaden, Hypercholesterinämie, alimentär oder genetisch bedingt. Fachwortmonster. Dahinter gibt es auch Möglichkeiten eines wirklichen Gesprächs. Die Heimfahrt geht schneller. Frau von Herwarth hat bei den Zwillingen die Hausaufgaben überwacht, das Frühstücksgeschirr und die Wäsche versorgt. Nun bin ich an der Reihe. Ich decke mit den Kindern den Kaffeetisch. Knut kommt durchgefroren nach Hause. Auf der Baustelle in Torgau begannen die ersten Erdarbeiten für die Elbebrücke in Anwesenheit der Projektanten und Auftraggeber. Ein neues hoffnungsvolles Reißbrettprojekt steht vor der Vollendung.

11.12.89 - St. Marienkirche

Bertrun Jeitner-Hartmann

NÜRNBERG

```
Bertrun Jeitner-Hartmann ist Kindertherapeutin,
    Redakteurin, Herausgeberin und Übersetzerin.
  Sie arbeitete viele Jahre in einem Pädagogik-
Verlag und leitet jetzt zusammen mit zwei anderen
   Frauen aus dem Verein „Frauen in der Einen Welt
  e. V." das Frauenmuseum in Fürth, ein Museum für
    regionale und internationale Frauenkultur und
                  Frauenalltagsforschung.
```

Ich, Flüchtlingskind, hatte mich schon immer kompetent gefühlt – „Ich weiß doch, wie es im Osten ist" –, hatte ich doch mit drei, vier Jahren in Wittenberg/Lutherstadt gewohnt, danach in Vacha/Rhön und schließlich in Berlin Wannsee („Der Insulaner verliert die Ruhe nich...!"). Und unsere Möbel hatten wir, bevor wir nach Bayern übersiedelten (mein Vater hatte dort ein neues Betätigungsfeld in einem Dorf zwischen Augsburg und Donauwörth), ganz preiswert aus dem Lager der Filmstudios in Babelsberg erworben, toller als Secondhand! Wir hatten noch Freunde/entfernte

Verwandte verstreut zwischen Greifswald, Neukalen, Leipzig, Ostberlin, und waren in Bayern mit „Wie redt denn die!?" begrüßt und mit Steinen beschmissen worden.

Der Blick aus dem Ausland auf Deutschland, nach dem Abi, hatte mein Verhältnis zu Deutschland Ost und West relativiert.

Mit Familie, zwei Kindern und Hund, waren wir im Norden von Nürnberg, relativ „edeldörflich", im sehr eigenen Franken, ohne viele „Ausländer", für eine nächste Etappe sesshaft geworden. Wir hatten große Mühe mit der Integration unserer „Berliner" Kinder. Sie wurden erst einmal NICHT in den Kindergarten aufgenommen, obwohl ich schon aus Oberschwaben drei Monate im Voraus die Anmeldung vorgenommen hatte („Kein Platz!"), und ich musste Druck machen, bis ich unverhofft in einem Nachbardorf schließlich Kindergartenplätze für sie fand. Eine ältere Kindergärtnerin, selbst seinerzeit aus dem Sudetenland zugewandert, war sich mit mir einig: „Nun sind die Kinder schon in neuem Umfeld, aus allem Vertrautem herausgerissen. Nein, da muss man sie doch willkommen heißen!" ... Ich musste die Kinder tagtäglich mit dem Auto dorthin fahren, weil es keine Verkehrsanbindung gab.

Wir lebten uns ein, wir integrierten uns, übernahmen Verantwortung: Elternbeirat im Kindergarten, Elternbeirat in der Grundschule, diverse Aktivitäten, Werben für unsere Aufnahme überall, Teilnahme in den verschiedensten Interessengemeinschaften und Gruppierungen.

Da zeichnete sich das Jahr 1989 ab. Nürnberg galt als „Drehscheibe zum Osten", und schon im Vorfeld zur Wende kamen Familien, „von drüben rüber gemacht". Unser Vorort öffnete sich – aber es war in manchem ein schlechter Start: Die Ansprüche einiger Familien waren unbegreiflich, inkompatibel. Nur zwei Beispiele: Selbstverständlich erwarteten die jungen Ostfrauen, dass sie Arbeit bekamen und demnach für ihre Kinder Kindergartenplätze. Am eklatantesten handelte unser wohlmeinender evangelischer Pfarrer, der für eine Ostfrau, die Arbeit gefunden hatte, die Kinder an drei anderen Frauen vorbei (in Wartestellung, geschieden, auf Plätze für ihre Kinder ebenfalls angewiesen, da Alleinernährerinnen) eigenmächtig in den Kindergarten reindrückte/aufnahm ...

Der SPD-Ortsverein hatte Möbel, Bettwäsche, Hausrat gesammelt, um Wohnungen für die Umsiedler zu bestücken. Da wurde sehr wählerisch damit umgegangen, weil „wir im Westen doch eh alles haben" ... So fing das gegenseitige Sich-misstrauisch-Beäugen und Kennenlernen an!

Da waren – gegenseitig – Berge abzubauen!!!!

Und dennoch: Als die Mauer fiel, da war es, dieses tolle Gefühl, dass man sich umarmen wollte! – Unsere Tochter, später dann für ein Highschool-Jahr in Amerika, wurde befragt: „Du als Zeitzeugin, wie war es, als bei euch die Mauer fiel?" Und ihr einziges Statement dazu war (unser Fernseher war damals im Erwachsenen-Schlafzimmer, damit wir Kontrolle über unkontrolliertes Schauen der Kinder behielten): „Meine Mutter lag auf dem Bett und heulte." Mehr fiel ihr dazu nicht ein!! – Noch heute denke ich: Wie kleinmütig, dass ich nicht einfach die Kinder ins Auto gepackt habe und nach Berlin gefahren bin in jener Nacht!

11.11.89 - Anstehen für das Reisevisum

Birgit Hahn

EUTIN

Birgit Hahn, 1939 in Kirchen an der Sieg geboren,
lebte als kleines Kind mit ihrer Familie noch bis
kurz vor Kriegsende im deutschsprachigen Teil
Belgiens. Die längste Zeit ihres Lebens verbrachte
sie in Nordrhein-Westfalen. Dort arbeitete die
gelernte Köchin in ihrem zweiten Beruf als
Jugend- und Heimerzieherin unter anderem in der
Landesarbeitsgemeinschaft „Bild und Form" mit, bevor
sie in Essen und Düsseldorf Freie Kunst studierte.
Zur Zeit der Wende leitete sie eine Kunstgalerie in
Malente-Neversfelde in Schleswig-Holstein.

1963 machte ich im Rahmen meiner Ausbildung als Jugend- und Heimerzieherin ein Praktikum in Hildesheim und fuhr anschließend nach Berlin zu Freunden, die ich in der DJH kennengelernt hatte. Ich hatte damals eine Freundin in Ostberlin, die ich dann von Westberlin aus besuchte und kam immer erst nach Mitternacht zu meinen Freunden in Westberlin zurück. Um 24 Uhr musste man die Friedrichstraße passiert haben. Die Freundin wohnte Gott sei Dank in Berlin-Mitte, nicht weit von der Mauer entfernt. Ich finde es heute wirklich unverschämt, was ich meinen Freunden in Westberlin zugemutet habe. Das war damals für mich schon alles sehr aufregend, immer diese Grenzen passieren. Einmal hatte ich von Westdeutschland nach Berlin meinen Pass vergessen. Da sagten die Leute im Zug, mit denen ich sprach: „Dat macht nüscht, dat haben die jerne, da können die Geld mit verdienen." Ich weiß nicht mehr, was das Ganze kostete, auf jeden Fall das Übliche.

Wir hatten in Thüringen und Sachsen Verwandtschaft. Von unserer Familie bin ich immer die Einzige gewesen, die in die DDR fuhr und auch in den Ostblock. Meine Eltern waren einmal bei den Verwandten in Thüringen, weil sie in der Nähe der Grenze ein Treffen ihrer früheren Jugendbewegung hatten. Meine jüngste Schwester war einmal in Prag. Ich habe auch festgestellt, dass besonders die starken deutschen Männer in den Zügen nach Osten meistens fehlten. Es waren vorwiegend Frauen, die „rüber" fuhren. So war ich oft in Ostberlin, in der DDR, in Tschechien und öfters in der Sowjetunion. Mit der Zeit sind dort auch Freundschaften entstanden, auch dadurch, dass ich später Kunst studiert habe und hier auf Interesse stieß. 1986 kam dann eine Ausstellung beim Evangelischen Kunstdienst in Erfurt zustande. An diese Ausstellung denke ich noch gerne zurück. Ich lernte u. a. auch junge Musiker kennen, von denen ich dann einen später mit seiner jungen Frau als DDR-Flüchtlinge bei mir aufnahm. Ich machte mit ihnen die ganzen Ämtergeschichten durch und die spätere Wohnungs- und Arbeitssuche mit. Seit der Wende fahre ich jedes Jahr einmal in die neuen Bundesländer, mache dort Urlaub und freue mich jedes Mal aufs Neue darüber, dass jetzt alles so ohne Grenzen zu passieren möglich ist. Nach der Wende war ich öfters in der DDR, weil es ja eine Zeit lang noch DDR war. Da es hier von Schleswig-Holstein aus nicht weit war nach Schwerin und Wismar, bin ich öfter dorthin gefahren. Lübeck war Grenze. Ich kann mich sehr gut entsinnen an diese Zeit. Am Hauptbahnhof war ein zusätzlicher Bahnsteig eingerichtet worden, weil die Menschenmengen nicht mehr aufnehmbar waren. Es gab einen Bahnsteig für die Ankommenden und einen für die Abfahrenden.

Da ich eine Galerie in Malente-Neversfelde hatte, stellte zuerst eine Fotografin aus Thüringen aus. Zu dieser Ausstellung war die Galerie total überfüllt. Christina Roeber zeigte außer ihrer Ausstellung auch Fotografien der Wende, von den vielen Zusammenkünften auf Plätzen wie in Leipzig usw. Es gab sehr viele anregende Gespräche. In der Zeitung „Schaufenster" aus Plön schrieb man allerdings „Christina Roeber machte eine steile Karriere in der DDR". Mein Gespräch daraufhin mit der Redakteurin der Zeitung war typisch für Redakteure, die keine Verantwortung für ihr Schreiben übernehmen, wie das ja leider sehr oft vorkommt.

Während des Bestehens der Noch-DDR besuchte ich Familie Roeber in der DDR, nachdem Christina in Neversfelde ausgestellt hatte. Wir machten eine gemeinsame Wanderung im Thüringer Wald und suchten Pilze. Dann nahmen wir auch an einer gemeinsamen Veranstaltung teil, die schon für die Wahlvorbereitungen sein sollte. Im thüringischen Dorf waren die Menschen schon dabei, ihre Häuser zu renovieren. Es gab auch mancherlei Unsicherheit, was die Arbeit betraf und das Bleiben in den jetzigen Wohnungen. Der Grenzbahnhof nach Thüringen war von Grenzern verlassen, und man konnte aussteigen und sich alles ansehen. Aber es war ein seltsames Gefühl.

An diese Ausstellung denke ich noch gerne zurück. Ebenso hatte ich auch Kunstkontakte zu den baltischen Ländern, als die Wende begann. In meiner Galerie stellten dann noch zwei Künstler gemeinsam aus. Sie waren aus Thüringen. Beide stellten Akte aus.

Ich denke, dass ich die Wende anders erlebt habe durch die Kontakte und Einblicke, die ich in die DDR hatte und durch die anderen Ostkontakte. Aber niemand von meinen Freunden und Bekannten hatte vorher an solch eine Wende gedacht, an eine, die sich so ereignete. Wenn ich zum Beispiel an die Gastfreundschaft in Litauen denke und an die vielen Atelierbesuche: Dies wird mir immer in Erinnerung bleiben, und ebenfalls die vielen Gespräche und Einladungen. Aber es hat mich und viele nach der Wende sehr betroffen gemacht und betrifft mich auch heute noch, wenn ich hier im Westen so viel Unsensibilität und so wenig Begeisterung und Freude an der Vielfalt gegenüber den neuen Bundesländern höre und entdecke und erlebe. Leider ist von politischer und wirtschaftlicher Seite manches so gelaufen, dass es bei den Menschen in den neuen Bundesländern für viel Unzufriedenheit und Unverständnis gesorgt hat. Ich hätte mir mehr Sensibilität und mehr Verständnis für die Vielfalt gewünscht, mehr Aufeinander-Eingehen, Aufeinander-Hören und mehr Miteinander, anstatt dafür zu sorgen, dass ein Gegeneinander entsteht. Bei einem Wochenende in der ersten Frauenbildungsstätte in den neuen Bundesländern, dem Franzenhof in Brandenburg, lernte ich Monika Leimert kennen, durch die ich von der Frauenbrücke Ost-West erfuhr. So gelangte ich zur Frauenbrücke.

Brigitte Sommer

BERLIN

Brigitte Sommer, geboren 1940 in Berlin, verbrachte ihre
Kindheit und Schulzeit in Belzig im Land Brandenburg.
Seit 1956 lebt sie in Berlin West. Als Sozialpädagogin
arbeitete sie in der Erzieherausbildung in Berlin und
Karlsruhe, als Museumspädagogin und als Fachberaterin
für Kindertagesstätten. Seit 1996 erschienen mehrere
Veröffentlichungen von ihr: „Tausendfühler", 1996,
„Kinder mit erhobenem Kopf", 1999,
„Waldemar Otto – Werke in Berliner Kirchen", 2009

„Sofort, unverzüglich..."
(Günter Schabowski am 8.11.1989)

... gelte eine Regelung, die es jedem DDR-Bürger möglich mache, ins westliche Ausland auszureisen. Schabowskis rätselhafte Worte am Abend des 8. November 1989 haben wir gehört.

Und unsere Westberliner Reaktion darauf? „Na, dann werden unsere Verwandten aus dem Osten gleich bei uns sein, ich werde schon mal die Betten beziehen", sagte ich, aber mein Mann wiegelte ab: „Die müssen doch irgendwas beantragen. Wenn alle gehen wollen, kann das noch wochenlang dauern!" Dass sich „unverzüglich" Tausende Ostberliner ohne Visum zu den Übergangsstellen aufmachen würden und die Grenztruppen dem nicht standhalten könnten, war für uns unvorstellbar. Und so verschliefen wir den Auftakt zu einem neuen Abschnitt unseres Lebens, unserer Stadt, unseres Landes.

Sie kommen

Aus meiner Familie tauchte Niko als erster auf. Nachdem er sich durch einen Stempel im Ausweis die Rückkehr nach Karl-Marx-Stadt gesichert zu haben glaubte, machte er sich nach seiner Arbeit auf den Weg und kam nachts bei uns an. Er war einer der Jungen, die schon immer die ganze Welt kennenlernen wollten, und er brachte auch bald seine Freunde aus Osteuropa zu uns.

In den folgenden Wochen wurde unsere Wohnung eine beliebte „Pension" für Begegnungen von Verwandten und Freunden und deren Freunden aus Ost und West. Aber manche, mit denen wir gerechnet hatten, kamen nicht und meldeten sich auch nicht; dieses Abtauchen war uns damals ganz unverständlich.

In Berlin tobte nun das fröhliche Chaos. Hunderttausende kamen in die Stadt. Aber noch gab es von Ost nach West nur die wenigen Mauerdurchgänge der vergangenen Jahrzehnte. Straßen- und Bahnverkehr brachen immer wieder zusammen, Bahnhöfe wurden wegen Überfüllung gesperrt. Überall war Hochstimmung, alles feierte und umarmte sich. Aber niemand wusste, wie es in Berlin weitergehen würde.

„Berlin wird leben und die Mauer wird fallen"
(Willy Brandt am 10.11.1989)

Für den Nachmittag des 10. November rief der Rundfunk zu einer Kundgebung vor dem Schöneberger Rathaus auf, bei der Willy Brandt sprechen würde. Ich machte mich auf den Weg, trotz Krankheit und Getümmel. Dieser Ort und dieser Mann haben für mich und viele Westberliner eine ganz besondere Bedeutung.

Die Verbundenheit mit Willy Brandt entstand in den schwierigen Jahren zwischen 1957 und 1966, als er unser Berliner Bürgermeister war. Kurz nach dem Mauerbau, am 16. August 1961, kamen wir auch zum Schöneberger Rathaus, ohnmächtig und voll Sorge um unsere Sicherheit, und Brandt fand die richtigen Worte, er teilte unseren Zorn und unsere Ängste. Er suchte immer nach Wegen, die Auswirkungen der Trennung zu erleichtern (Passierscheinabkommen, Verkehrsvertrag, Grundlagenvertrag). Nun sprach er die Hoffnung aus, dass die Einheit erreichbar sei, wenn wir Deutschen in Ost und West uns der geschichtlichen Situation gewachsen erweisen würden.

Am Tag nach der Maueröffnung Willy Brandt zuzuhören, hat mich sehr bewegt. Aber dass mit der Durchlässigkeit der Mauer auch für uns Westberliner eine ungehinderte Bewegungsfreiheit in ganz Berlin und seiner Umgebung einhergehen könnte, ja sogar Mauer, Grenzanlagen und Kontrollen eines Tages restlos verschwinden würden, war mir unvorstellbar. Unser eingeübtes, aufgezwungenes Funktionieren über Jahrzehnte an den engen Grenzen der Stadt sollte nun plötzlich nicht mehr notwendig sein? Von nun an keine Warteschlangen an Grenzübergängen, keine Gebühren, keine Visa-Beantragungen mit langen Wartezeiten, keine Zollerklärungen, keine Einfuhr- und Ausfuhrbeschränkungen, keine Desinfektionsbescheinigungen für gebrauchte Dinge, keine tierärztliche Bescheinigung, um mit dem Hund in den Urlaub nach Westdeutschland zu fahren? Keine Kontrolle des Kofferraumes, der Ablagefächer, keine Spiegel unter dem Auto, keine herausgenommene Rückbank? Keine Anmeldung bei der örtlichen Polizeistelle und keine Eintragung ins Hausbuch unserer Verwandten? Keine Zurückweisung, keine spezielle Untersuchung und Sonderbefragung? Das schien Wahnsinn zu sein. Eine neue Zeit hatte begonnen.

Öffnungen

Am Sonntag, dem 12. November fuhren wir zum Potsdamer Platz. Da stand eine riesige Menschenmenge und wartete auf die Maueröffnung. Schon gab es kleine Löcher, durch die man nach Osten auf die Ödnis des Potsdamer Platzes blicken konnte. Ganz weit entfernt warteten auch viele Menschen hinter Absperrungen. Später begann auf unserer Seite Jubel und Applaus, und ich sah an einem Kran Mauersegmente nach oben schweben. Von östlicher Seite kamen vereinzelt Leute herüber, aber nur nach einer Kontrolle und mit einem Stempel in ihrem Ausweis. Wir Westler durften nicht durch diese Lücke. Galt das nun als ein Grenzübergang oder nicht? Die Situation war völlig verworren. An allen Übergängen und neuen Öffnungen stand ein großes Aufgebot von östlicher Grenzpolizei, fragte nach Visa, stempelte und ließ sich die Ausweise zeigen. Keiner wusste, was eingestempelt wurde und ob damit eine Rückkehr garantiert war.

„Liebe Westberliner! Heute ist euer 9. November!"
(Handgemaltes Plakat am Brandenburger Tor am 22.12.1989)

Als am 22. Dezember das Brandenburger Tor geöffnet wurde, waren wir völlig aus dem Häuschen. Wir gingen in großer Familienrunde am Abend zum ersten Mal hindurch, faßten mit unseren Händen das Tor an, tranken mitgebrachten Sekt, fotografierten uns vor dem Tor und liefen im Menschenstrom „Unter den Linden" mit. In unserer Nähe ging ein Mann mit seiner Familie, offenbar ein Musiker, der an jeder Straßenecke eine kleine Bach-Trompete ansetzte und Freudenfanfaren schmetterte.

Zu Silvester gab es bei uns zu Hause ein großes Ost-West-Freudenfest, und alle Jungen zogen dann um Mitternacht zum Brandenburger Tor.

„Uff jute Nachbarschaft"
(Handgemaltes Plakat am neuen Übergang zwischen Westberlin und Griebnitzsee)

Nun wollten wir überall dabei sein, wo neue Übergänge geöffnet wurden. Die Grenze im Südwesten Berlins nach Teltow und Kleinmachnow war nur einige Minuten von unserer Wohnung entfernt. So machten wir uns am Weihnachtssonntag auf zur Kirche in Teltow, deren Turm wir immer von unserer Seite sehen konnten. Der Umweg über den neuen, einzigen Grenzübergang im Süden Berlins war länger als gedacht, hier saßen noch Grenzpolizisten an einem Klapptischchen und legten Wert auf Kontrollen. Zum letzten Mal wurden unsere Visa und Pässe gestempelt. In die Kirche kamen wir zu spät, aber wurden herzlich begrüßt als Nachbarn.

Heute überquert man den Teltowkanal über die neue Brücke und ist in zehn Minuten dort. Es gibt mehrere Buslinien von hier nach dort und eine neue S-Bahn Linie ins Zentrum. Auf dem Kanal, der als Teil der Grenze schwer bewacht gewesen war, fahren nun Frachtkähne und Ausflugsdampfer. Der Zehlendorfer Damm verbindet wieder Kleinmachnow und Berlin-Zehlendorf. Am Buschgraben können die einen und die anderen an beiden Ufern spazieren gehen. Um die vergangenen Gespenster zu bannen, machten wir Radtouren auf dem Grenzstreifen rund um Westberlin. Wachttürme waren schon umgekippt. Noch wuchs kein Hälmchen auf dem Todesstreifen, noch dachte niemand an die Eigentumsansprüche für dieses große Areal. Grenzbefestigungen aller Art konnte man sich ansehen, auch Laufanlagen für die Wachhunde. Wir waren erschüttert und euphorisch gleichzeitig.

Die Glienicker Brücke, eine der Hauptverbindungen zwischen Potsdam und Berlin schon seit dem 17. Jahrhundert, war in den Zeiten der deutschen Teilung eine besondere Nahtstelle des Schmerzes. Im November 1989 wurde sie wieder geöffnet. Und ab Dezember sind wir dann immer wieder mit unseren Besuchern dort gewesen. Immer wieder freuen wir uns auf unseren Spaziergängen an der schönen Aussicht auf die Ufer der Havel mit ihren Parks und Schlössern in östlicher und westlicher Richtung.

In der Nähe dieser Brücke ist das Dorf Klein-Glienicke, zu DDR-Zeiten ein völlig umschlossener Ort auf östlicher Seite. Am 7. Januar 1990 machten wir dort unseren ersten Besuch. Wir wollten zur Glienicker Brücke und sahen auf dem Weg eine kleine Öffnung in der Mauer, durch die wir kletterten. Wir landeten auf dem Friedhof in diesem vollkommen abgeschiedenen Dörfchen. Auf der anderen Seite des Ortes führt eine Brücke über den Teltowkanal, die zu Mauerzeiten der einzige Zugang für die Anwohner mit Sondergenehmigungen gewesen war. Nun stand das Wachhäuschen auf der Brücke leer, aber viele Potsdamer kamen herüber, um auch zum ersten Mal diesen Ort zu sehen, wie wir. Das Friedhofsloch hatten bisher nur einige Westberliner entdeckt. So waren wir hier noch eine Seltenheit und wurden verwundert zur Kenntnis genommen.

„Willkommen im Osten..."
(Wolfgang Thierse auf dem Landesparteitag der SPD in Berlin im Frühjahr 1990)

„Ihr seid jetzt ein Teil von uns, das werdet ihr schon merken."
Dieser Satz von Wolfgang Thierse an uns Westberliner löste bei mir nach all den Jahren der Konfrontation, der Schikanen und Ängste ein sehr ambivalentes Gefühl aus und wurde Anlass zu vielen Gedanken und Gesprächen. Der Osten blieb nicht so, wie wir es erlebt hatten, und wir waren von einem Moment zum anderen auch nicht mehr „die Westler". Als Westberliner waren wir jetzt „weder-noch". Nachdem wir Jahrzehnte unbeliebt und störend sowohl für die Bundesrepublik als auch für die DDR gewesen waren, sind wir nun recht beliebt geworden. Sogar der Bundestag hat sich schließlich nach Berlin gewagt.

Sehr schnell und deutlich kam für alle Westberliner die Erkenntnis, dass geteilt werden musste. Durch den Wegfall der Berlinzulage reduzierten sich sofort alle privaten Einkommen um acht Prozent. Alle Investitionsmittel des Haushaltes der Stadt gingen nur noch in den Ostteil, um die Abwanderung nach Westberlin aufzuhalten. Die besseren Verdienstmöglichkeiten in Westberlin wurden besonders für die Krankenhäuser im Osten zum Problem. Busfahrer ein und derselben Linie verdienten je nach Wohnsitz unterschiedlich. Wie sollte eine gemeinsame Polizei arbeiten, wie die Gerichtsbarkeit? Austausch und Mischung von Personen und Ausstattung (Polizeifahrzeuge, Computertechnik ...) halfen. Aber wie sollte die Stadt so plötzlich alle diese Gehälter in Westgeld zahlen? Berlin stieg aus der Tarifgemeinschaft der Bundesländer aus, um die Gehälter jedenfalls im öffentlichen Dienst schneller angleichen zu können als anderswo. Schulden wurden gemacht, um Massenentlassungen zu vermeiden. Sie belasten auch heute noch stark den öffentlichen Haushalt Berlins.

Die Aufgabe, beide Stadthälften zusammenzuführen, war eine unglaubliche Herausforderung für alle, die in Berlin arbeiteten, ob in den Verwaltungen, Verkehrsbetrieben, Kirchengemeinden, Verbänden, Parteien, Umweltgruppen usw. Nicht nur die Straßen, sondern der ganze öffentliche Nahverkehr (Buslinien, U- und S-Bahnlinien), auch die Kanalisation, das Telefonnetz, die elektrischen Netze, mussten zusammengeführt und instand gesetzt werden. Jeder neu eröffnete Ort war ein Anlass zum Feiern und Jubeln. Wo wir nur konnten, waren wir dabei.

Als Fachberaterin arbeitete ich im Kita-Bereich. Sehr schnell gab es gegenseitige Besuche von Einrichtungen zwischen Ost und West. Die üppige Personalausstattung und das große Betreuungsangebot auch schon für Kleinkinder haben wir im Westen leider nie erreicht. Die Zusammensetzung der Kindergruppen und der Eltern war völlig anders, als in „meinem" Bezirk Schöneberg mit einem Anteil ausländischer Kinder um 45 %. Es gab im Osten so gut wie keine ausländischen Kinder, auch keine Integration behinderter Kinder in Regeleinrichtungen, wie sie im Westteil gesetzlich garantiert war. Die pädagogischen Konzepte unterschieden sich stark und auch die Ausbildung der Erzieherinnen. Sie waren Spezialisten für eine bestimmte Altersgruppe, Krippenerzieher, Horterzieher usw. Um ihnen im Westteil Stellen anbieten zu können, brauchten sie die Anerkennung für alle Sparten des Erziehungsbereichs. Eine Zusatzqualifizierung aller Ostberliner Erzieherinnen aus Mitteln des europäischen Sozialfonds brachte sowohl in die östlichen als auch in die westlichen Kitas viel Bewegung und einen großen Qualitätszuwachs auf allen Seiten.

Für das Buch, das ich damals schrieb, habe ich durch eine Reihe von Interviews mit Ostberliner Erzieherinnen viel Neues kennengelernt und Erfahrungen gemacht, an die ich mich gerne erinnere. Wenn ich an die ersten Jahre nach dem Mauerfall denke, so fällt mir auf, dass alle Kontakte zu Menschen im Ostteil besonders intensiv waren. Das Vertrauen entwickelte sich nach und nach. Neue Freundschaften wurden begründet und sind nun festgefügt. Alte Freunde aus Kindertagen habe ich wiedergefunden und die Beziehungen zu den Verwandten im Osten sind geklärt und normalisiert.

Die Frauenbrücke Ost-West spielt für mich eine große Rolle, sowohl bei der Annäherung an die anderen, als auch beim Überdenken meiner eigenen Lebensgeschichte, die so eng mit der deutschen Teilungsgeschichte verbunden ist.

„Dass ich das noch erlebe!"
(Handgemaltes Plakat am 4.11.1989 auf dem Alexanderplatz)

Bis heute bin ich neugierig auf den unbekannten Teil Berlins und auf seine Umgebung. Es ist ein wunderbares Gefühl, in Berlin Wege zu gehen, die ich in sechs Jahrzehnten noch nie gegangen bin, und die Grenzlinien zu überschreiten, die allen Schrecken verloren haben. Es fasziniert und beglückt mich, die Wurzeln und die abenteuerliche Geschichte der Stadt ergründen zu können, aus der meine Großeltern und Eltern stammten und in der ich während des Krieges geboren wurde. Welch großes Glück, dass ich die Einheit meines Landes noch erlebe.

13.11.89 – Sprecher des Neuen Forums „Magdeburg"

Brigitte Vollmer-Schubert

HANNOVER

Brigitte Vollmer-Schubert, geboren in Freiburg im Breisgau, schloss ihr Studium der Erziehungswissenschaften und der Soziologie in Marburg mit der Promotion ab. Nach einem Japan-Aufenthalt 1985 bis 1990 war sie als wissenschaftliche Mitarbeiterin an der Philips-Universität in Marburg tätig. Heute ist die Mutter zweier Töchter Gleichstellungsbeauftragte der niedersächsischen Landeshauptstadt Hannover.

10. November kurz vor neun Uhr, gerade mit dem Frühstück fertig und Kinder für den Kindergarten angezogen, klingelt das Telefon und unser Freund aus Tokyo sagt ganz aufgeregt: „Macht mal den Fernseher an, NHK, in Berlin ist die Mauer offen, Leute sitzen auf der Mauer, eine irre Stimmung ..." – „Was wie, soll das ein Witz sein?" Nicht oft wurden Nachrichten aus Deutschland life im Fernsehen gesendet. Wir sitzen in Kumamoto/Japan, und ich schaue ungläubig auf die Bilder, höre die Berichte und rufe die beiden ande-

ren, zu dieser Zeit in Kumamoto lebenden deutsche Frauen an. Die eine, aus der Nähe von Stuttgart, war auch schon informiert, die andere, aus Berlin-Ost, hatte es noch nicht erfahren und beschloss, sofort vorbeizukommen. So saßen wir nach kurzer Zeit vereint aus Süd-, West- und Ostdeutschland in Japan vor dem Fernseher und konnten nicht glauben, was wir sahen. Es war alles total unwirklich, euphorisch. P. versuchte, ihre Mutter in Berlin anzurufen, weinte vor Freude und Aufregung, und wir zeitweise mit. Wir hatten alle keinen Vorlauf der Ereignisse mitbekommen, denn wir lebten zu diesem Zeitpunkt alle aus unterschiedlichen Gründen schon seit Jahren in Japan. Wir tauschten unsere unterschiedlichen Erfahrungen mit der DDR aus, sprachen über Schikanen an der Grenze, aber auch die wesentlich bessere Möglichkeit für Frauen, Kinder und Beruf miteinander vereinbaren zu können. Wir versuchten uns klarzumachen, was das bedeuten könnte, was weit weg gerade in Berlin an der Mauer zu sehen war, ob das wirklich eine Entwicklung von Dauer sein könnte und wie schön es wäre, wenn die positiven Dinge aus beiden deutschen Staaten vielleicht bald auf beiden Seiten einer nicht mehr vorhandenen Mauer Realität würden. P. versuchte immer wieder, ihre Mutter zu erreichen, und endlich hören wir: „Mutti, ich komme zurück – ob für ganz, weiß ich nicht, erst mal für Urlaub, aber vielleicht lange – du hast es noch gar nicht mitbekommen?!? Die Mauer ist auf …" Ihre Mutter war noch ganz verschlafen, durch den Anruf erschreckt – klar, in Deutschland war es erst kurz vor fünf Uhr morgens, und sie hatte noch gar nichts mitbekommen, nicht auf die Unruhe im Haus reagiert.

Die Maueröffnung war nicht nur bei uns das Thema der nächsten Tage, sondern an vielen Orten in Japan. Es wurde über Teilungen und Zusammenführungen gesprochen und eine mögliche Vereinigung von Nord- und Südkorea erörtert. Dann verschwand das Thema wieder aus den japanischen Medien und P. war weg. Von ihrem japanischen Ehemann, der so schnell keinen Urlaub bekommen konnte, erfuhren wir von ihrer Begeisterung, der Aufbruchstimmung in Berlin, ansonsten ging das Leben weiter wie bisher. Erst Ende März, als wir nach Deutschland zurückkehrten, merkten wir die großen Veränderungen. Ehemalige Zonenrandgebiete lagen jetzt zentral in Deutschland. Wir besuchten viele ostdeutsche Städte, die Ostseebäder und versuchten, mit vielen unterschiedlichen Leuten zu sprechen und nachzuempfinden, was im November, ja im letzten halben Jahr geschehen war.

11.11.89 - Ausreisevisa abholen

Christa Nichelmann

BERLIN

Christa Nichelmann, Jahrgang 1940, hat die längste
Zeit ihres Lebens in Berlin (Ost) verbracht. Für
die Mutter von drei Kindern und Großmutter von
acht Enkeln waren die drei Jahre, die sie mit ihren
Kindern zu Hause war, weil sie für ihre Jüngste keinen
Kindergartenplatz bekam, die schönste Zeit. Aber auch
ihr Beruf als Ärztin hat ihr viel Freude gemacht, und
sie ist rückblickend froh, sich durch den Beruf ihre
Eigenständigkeit bewahrt zu haben.

Als die Grenzen zwischen Ost und West in Deutschland geöffnet wurden, arbeitete ich noch als Ärztin in einem großen Berliner Krankenhaus. Die Nachricht über die offenen Grenzen verbreitete sich lauffeuerartig. Wir fielen uns alle in die Arme, lachten und scherzten. Kaum jemand war an diesem Tag noch zu einem vernünftigen Tun in der Lage. Jeder machte persönliche Pläne, jeder fühlte sich irgendwie frei und beschwingt. Ich wollte zum Beispiel endlich meine Verwandten in Westberlin und Westdeutschland besuchen, in ferne Länder reisen, eine schöne Wohnung haben, gute Kleidung kaufen und Obst und Blumen zu jeder Jahreszeit haben können.

Das alles habe ich nun! Es gibt aber eine ganze Menge wichtiger Dinge, die verloren gegangen sind. Die Unbeschwertheit des ersten Augenblicks ist gewichen. Das kam so:

Etwa 14 Tage nach dem großen Ereignis hat sich unser Oberarzt, den wir alle wegen seiner Fachkenntnisse und seiner Menschlichkeit geachtet haben, das Leben genommen. Erst danach haben wir erfahren, dass er in der Stasi war und über den Chef und einige Mitarbeiter regelmäßig Berichte anfertigen musste. Diese Berichte waren, wie wir später einsehen konnten, für niemanden belastend. Niemand hatte zu DDR-Zeiten darunter zu leiden. Wie wir alle im Nachhinein erfuhren, hatte sich der Oberarzt nur unter Druck zum Spitzel hergegeben. Wir haben ihm alle eine würdige Trauerfeier bereitet.

In der Klinik wurden einige Kollegen wegen Stasimitgliedschaft entlassen. Wir haben alle nur gestaunt, wie eng die Maschen dieses Netzes gestrickt waren.

Auch meine eigene Familie hat die Entlassungswelle getroffen. Da Stasimitgliedschaft nicht vorlag, wurde mein Mann kurzerhand „Aus Mangel an Bedarf" gekündigt. Im Alter von 55 Jahren wurde ein im In- und Ausland geachteter Professor der Humboldt-Universität auf die Straße gesetzt. Die Aufgaben, die er bisher alleine bewältigt hatte, wurden nun von vier Hochschulprofessoren aus dem ehemaligen Westdeutschland erledigt.

Viele Freunde haben ähnliche Schicksale erlitten. Das kann aber nicht trösten. Für uns in der DDR hatte der Beruf vielfach etwas mit Berufung zu tun. Arbeit war Leben, nicht

Job. Nicht wenige Menschen sind, nachdem sie ihre Arbeit verloren haben, krank geworden.

Wir Menschen aus der ehemaligen DDR haben uns verändert. Einige wollen nur „Spaß", Geldausgeben für Wellness und Firlefanz, Reisen bis zum Überdruss. Aber ich kenne auch viele, die machen sich ziemliche Gedanken über das, was mit uns in ganz Deutschland passiert: Angst vor Armut und Krieg, hin- und hergeschoben werden zwischen den Parteien. Frei fühle ich mich schon lange nicht mehr, auch nicht, wenn ich jedem sagen könnte, was ich denke (obwohl auch das seine Grenzen hat).

In der Frauenbrücke wünsche ich mir viele gute Gespräche und dadurch auch die Möglichkeit, etwas bewegen zu können für ein Deutschland, in dem sich gut und friedlich leben lässt ohne überhöhten Standard.

PS: Als Buch empfehle ich „Schatten unterm Regenbogen" von Helga Königsdorf. Darin beschreibt sie sehr feinsinnig die Wende im Hochschulwesen.

Dagmar Heinrich

STASSFURT

```
Dagmar Heinrich, Jahrgang 1956, geschieden, drei
Kinder, hat in der DDR Bauingenieurwesen studiert.
 Zur Zeit der friedlichen Revolution 1989 war sie
Angestellte im Fernsehgerätewerk Staßfurt. Seit 1990
    arbeitet sie bei der Stadtverwaltung Staßfurt.
```

Staßfurt im Herbst 1989 und wie ich mich einmischte

Da ich 1956 geboren bin, habe ich die DDR bewusst nur mit Mauer und Grenze erlebt. Immer nach dem Besten strebend erlebte ich in meinem Beruf als Bauingenieurin sehr schnell die Grenzen und großen Unzulänglichkeiten, die es Anfang der 80er Jahre in der Wirtschaft gab. Alles war festgefahren und alles war total überwacht.

Als 1986 das Buch „Glasnost und Perestroika" von Gorbatschow erschien, gab es ein lebhaftes Interesse daran. Nur wenige konnten es wirklich lesen – ich hatte das Glück. Doch in der DDR sollte sich nichts ändern, so der erklärte Wille von Partei- und Staatsführung.

Dann kam das Jahr 1989 und die Ungarn öffneten den „Eisernen Vorhang".

Jetzt ging alles sehr schnell und doch wohlüberlegt. Neue politische Plattformen und die SDP gründeten sich illegal. Ausgehend von den Montagsgebeten und -demonstrationen in Leipzig erfasste diese Form des Protestes nach und nach das ganze Land. In Magdeburg wurde am 16. Oktober das erste Mal demonstriert und viele Staßfurter waren extra dorthin gefahren.

Am 30. Oktober um 19 Uhr fanden dann das erste Montagsgebet und die erste -demonstration in Staßfurt statt. Die katholische St. Marienkirche war überfüllt und es herrschte gebannte Erwartung. Ich war Teil der Vorbereitungsgruppe seitens der evangelischen Gemeinde, der alle PfarrerInnen und einige Gemeindemitglieder angehörten. Wir waren uns einig, dass wir immer die momentane Situation im Blick haben mussten und mit Klagen, Fürbitten und Ansprache darauf eingehen wollten.

An diesem Tag lautete meine öffentliche Klage:

> *„Herr, wir beklagen, dass wir in Angst gefangen sind. Wir haben Angst vor der Staatsgewalt, Angst vor Festnahme, vor Verhör, Angst vor Bespitzelung. Was wir von den Ereignissen am 7./8. Oktober hörten und sahen, bestätigte unsere Angst. Auch heute noch sind wir in Angst und Furcht. Wir fragen uns: Dürfen wir neue Formen politischer Organisationen unterstützen ohne mit Repressalien rechnen zu müssen - früher oder später? Herr, wir bringen diese Ängste zu Dir und rufen Dich an."*

Am gleichen Tag standen die Kampftruppen bewaffnet in Staßfurt bereit. Nach dem Montagsgebet schloss sich eine Demonstration an. Vor dem Verlassen der Kirche hatte Dechant Zülicke um Ruhe und eine Zeit der Stille gebeten und eine gewaltfreie Demonstration angemahnt. Der Demonstrationszug wurde begleitet von Rufen wie „Wir sind das Volk", „Schließt Euch an", „Stasi in den Tagebau". Die Demonstration verlief gewaltfrei und endete vor dem Gebäude der SED-Kreisleitung.

Eine Woche später – am 6. November – erreichte der Protest auch in Staßfurt einen Höhepunkt. Am 4. November hatte in Berlin die große öffentliche Demonstration stattgefunden. Auch mancher Verängstigte fand nun den Mut, sich vor Ort einzumischen. Die St. Marienkirche konnte den Ansturm der Menschen nicht fassen. Viele mussten draußen vor der Tür bleiben. Trotz des großen Menschengedränges in der Kirche war es ruhig und es herrschte dieselbe erwartungsvolle Anspannung wie eine Woche zuvor. Aber da war sehr viel mehr Mut und Entschlossenheit. Auch bei mir. So sind meine Gebete auch anders, als noch eine Woche zuvor.

> Klage: *„Herr, wir beklagen die hinterlistigen und erpresserischen Praktiken des Staatssicherheitsdienstes. Sie haben Angst produziert. Wann schlägt auch bei der Stasi die Stunde des Gewissens? Wir rufen zum Herrn – erbarme Dich."*

> Fürbitte: *„Wir bitten, dass wir Geduld und Ausdauer aufbringen, um wirkliche strukturelle Veränderungen zu erreichen. Die Verkrustungen in Wirtschaft und Gesellschaft müssen aufgebrochen werden. Wir bitten,*

dass es zur Zulassung aller neuen Organisationen und Parteien kommt, um Demokratie in unserem Land möglich zu machen."

Nach dem Gebet begann ein Demonstrationszug von ca. 6.000 Menschen durch die Stadt. Transparente wurden mitgeführt, und die bekannten Rufe schallten durch die Straßen. So war es an sehr vielen Orten, ja landesweit.

Am 9. November wurde die Grenze geöffnet. Ein unermesslicher Freudentaumel überkam die Menschen.

Wir in der Vorbereitungsgruppe fragten uns, ob die Leute am Montag wieder zum Gebet und zur Demonstration kommen würden. Sie kamen – nicht mehr in solch einem Ansturm wie am 6. November, aber die Kirche war voll. So fanden weiterhin jeden Montag diese Gebete und Demonstrationen statt. Bei den Demonstrationen gab es keine Ausschreitungen oder Gewalt. Dafür wurden sehr viele Kerzen mitgeführt, die in großer Zahl vor dem Gebäude der SED-Kreisleitung abgestellt wurden.

Zum 10. Dezember 1989, dem Tag der Menschenrechte, hatten erstmals die SDP und das Neue Forum zu einer Demonstration und Kundgebung aufgerufen. Gesonderte Einladungen mit Handzetteln und kleinen Plakaten sollten zum Mitmachen motivieren. Gemessen an der Kürze der Zeit, kamen viele, ca. 1 500 Leute, die sich nicht scheuten, auch bei Tageslicht ihrem Willen nach Freiheit und Menschenwürde Ausdruck zu verleihen.

Die Montagsgebete wurden bis zur Volkskammerwahl im März fortgeführt. Ab Januar schloss sich allerdings keine Demonstration mehr an, sondern eine thematische Diskussion. Immer mit einem kompetenten Podium besetzt. Nach anfänglichen Schwierigkeiten, einen geeigneten Raum zu finden – das Kreiskulturhaus wurde uns zunächst verweigert – konnten wir schließlich doch dort tagen. Die Stadt- und Kreisverwaltung richtete Runde Tische ein, an denen alle etablierten und neuen politischen Parteien und Plattformen beteiligt waren.

Es war eine sehr bewegte, revolutionäre Zeit. Dank der Ruhe und Besonnenheit bei den öffentlichen Protesten und dank des Gelingens, die Staatsgewalt am gewaltsamen Einschreiten zu hindern, konnte der Prozess der grundlegenden Veränderungen vorangetrieben werden.

13.11.89 – Gemeindepädagoge Wolf Schöne

Elke Schilling

BARLEBEN

Die freiberufliche Organisationsberaterin Elke Schilling, geboren 1944 in Leipzig, lebt heute bei Magdeburg in Reichweite ihrer zwei Töchter und vier Enkelkinder. Als Diplom-Mathematikerin arbeitete sie von 1969 bis 1990 in Rechenzentren von Verwaltung, Gesundheitswesen, Industrie und Landwirtschaft in der DDR. Nach einer selbstständigen Tätigkeit im Versicherungswesen war sie 1994 bis 1998 Staatssekretärin für Frauenpolitik in Sachsen-Anhalt.

„Ich will nicht wieder mehr von demselben"

In all diesen sehr wechselvollen – manchmal wunderbaren und manchmal schwierigen –, so rasch vergangenen zwanzig Jahren zwischen 1989 und 2009, bin ich mit dem Ausruf „Alles wie im Osten!", der mir bei vielen sehr unterschiedlichen Gelegenheiten entschlüpfte, auf höchst verschiedene, aber stets heftige Reaktionen gestoßen. Je nachdem, welche

Menschen um mich waren, bekam ich totales Unverständnis, Erstaunen, Gelächter, Zustimmung, Empörung oder harte Verurteilung zu spüren.

Ein Sinnbild meiner Déjà-vu-Erlebnisse klebt seit Anfang der Neunziger in einer meiner Arbeitsmappen. Die Karikatur von Freimut Wössner zeigt zwei Männer mit zwei Sprechblasen zwischen ihnen – „Ossi!" steht in der einen, „Wessi!" in der anderen. Und über den beiden Männern schwebt eine gemeinsame Sprechblase einer Frau entgegen: „Tussi!".

Irgendwann habe ich aufgehört mitzuzählen und die Gelegenheiten zu erinnern, bei denen mir erstaunliche Parallelen zwischen DDR-Vergangenheit und bundesdeutscher Realität in den Formen der Auseinandersetzung mit gesellschaftlichen Widrigkeiten, in Sprechweisen, Reaktionsformen und Strategien, in Vermeidungsverhalten und Schuldzuweisungen, in politischen Begleitumständen und Interpretationsweisen, in Ge- und Verboten begegneten. Sehr oft, fast regelmäßig, fielen sie mir auf, solche verblüffenden und manchmal sehr ärgerlichen Parallelen zwischen dem als DDR-Bürgerin Erlernten und Erlebten und dem anscheinend anderen unter den für mich neuen politischen, wirtschaftlichen und strukturellen Verhältnissen und Selbstverständlichkeiten. Manches war erheiternd, manches bitter; so manche pauschale Verurteilung meiner kritischen Reaktion als „nostalgisch", „demokratieunfähig" oder „rückwärtsgewandt" drängte mich ohne jede Rückfrage ins Abseits.

Seit ein paar Monaten verstärkt sich das Gefühl von Déjà-vu in beklemmendem Maße. Wie vor zwanzig Jahren höre ich rundherum aus den verschiedensten Milieus Äußerungen wie „So kann es nicht weiter gehen ...", „Hier muss etwas geändert werden ...", „Das können die doch nicht machen ...".

Auf mich prallen Wellen von Chaos und Katastrophe und ich denke, das kenne ich. Damals, vor zwanzig Jahren, wagten wir nicht zu denken, was wirklich geschehen kann. Wir wagten nicht zu denken, wie die Folgen aussehen, welche Veränderungen kommen könnten, wer wie und was gewinnen würde, wenn „es" – ja was denn? – sich veränderte. Wenn das Chaos über uns hereinbräche, nichts bliebe wie es war. Chaos, das ja fast immer, gleich, wie es aussieht, die Chance ungeheuerlicher furchtbarer oder wunderbarer Veränderungen in sich birgt. Chaos aber auch, das geschürt und benutzt werden kann, für undenkbare Gewinne, ideelle, materielle, welcher Art auch immer. Gewinne meist für solche, die nicht panisch in Erstarrung verfallen, die sich – wie auch immer – kühl abwägend ihre Freiheiten für spontane Aktion und Reaktion bewahren. Solche, die die ungeheuerlichen Potenziale und Energien des Chaos nutzen, um neue Ordnung und, oft genug, das Alte neu zu erschaffen.

Der Vergleich mit meinen Erfahrungen von vor zwanzig Jahren schärft meine Wahrnehmung für unsere Situation heute und verändert meine Fragen. Ich stelle Fragen, zu denen ich damals noch nicht fähig war; Fragen, die heute um ein Vielfaches notwendiger erscheinen. Umso mehr, als ich jetzt weiß, dass der Zwang von damals, ein zu etablierendes neues Altes als das Bessere zu definieren, heute nicht mehr besteht. Damals musste das Neue „besser" sein als das Gewesene, Einzutauschende, um Bereitschaft zum Wechsel zu den angebotenen Bedingungen zu wecken. So wurde die Chance verspielt, auf Augenhöhe nach Artikel 143 Grundgesetz gemeinsam Neues zu gestalten, Neues für beide Beteiligten, so wie es die Mütter und Väter dieses Grundgesetzes 1949 vorgesehen hatten. Stattdessen gab es den Anschluss nach Art. 23. Und: Was gut war an der morbiden, untergehenden

DDR musste verdammt werden, weil der zu erwartende Gewinn nicht attraktiv war für die Drahtzieher im Hintergrund. Ganztagskinderbetreuung, Ganztagsschule und gemeinsamer Unterricht für alle, gebührenfreies Studium, „gesellschaftliche Arbeit", gleicher Steuersatz und Sozialbeiträge unabhängig vom Familienstand, Grundsätze und Strukturen von Gesundheitsversorgung, die Unmöglichkeit von Privateigentum an Bodenschätzen, Energie und Wasser und vieles andere mehr wurde nicht etwa auf den Prüfstand gestellt, um Ideologie, Manipulation und Sinnhaftigkeit voneinander zu trennen, abzuwägen, was bewahrenswert war. Es wurde in Bausch und Bogen abgewertet und abgeschafft, und wer dagegen sprach, machte sich verdächtig und wurde an den Pranger gestellt. Denkverbote wirken bis heute. Das eine oder andere wurde in der Folge – mühsam legitimiert oder seiner historischen Dimension entkleidet – aufwändig neu installiert, getreu der Erfahrung, dass es teuer wird, Verlorenes, Weggeworfenes neu zu errichten. Chaos, Veränderung haben ihre eigene Dynamik und dennoch muss das sich anbahnende Neue nicht zwangsläufig mehr von demselben Alten sein

Heute wird uns suggeriert, es gehe um das schiere Überleben, und Rücksicht könne nur auf Wirtschaft und Geld geübt werden. Und obwohl es in Bezug auf die realen Umweltentwicklungen tatsächlich um das schiere Überleben gehen mag, so ist das in all den anderen Krisenszenarios offen. Ob das für die prophezeiten Folgen der Entwicklungen auf dem höchst virtuellen Finanz-„Markt" zutrifft, darf frau und mann zu Recht bezweifeln. Geld ist ein Ersatz, ist definiert in seinen Werten – was hindert uns, es mitsamt seinem „Markt" neu zu definieren oder ganz anders?

Déjà-vu, denke ich, und frage mich und andere: Was sind

die Denkverbote, die Tabus, die hier und heute wirken? Was lässt alle diese klugen RezipientInnen von Krise im Finanzmarkt, im Arbeitsmarkt, in sozialen Strukturen, in Umweltveränderungen anscheinend oder wirklich nicht weiter denken? Wie kommt es, dass das meiste, was ich dazu höre und lese, in immer wieder denselben, den alten Antworten mündet, die in ihrer Umsetzung immer nur weiter verschärfen (würden), was ist? Wie kommt es, dass Antworten stereotyp wiederholt werden, die hypnotisch Erstarrung und Hilflosigkeit, Ausgeliefert-Sein (re-)produzieren? Also: Hier ein bisschen neue Keynesianismen, da ein bisschen Investition in neue alte Gewohnheiten, Abwrackprämien, Geld für die Erzeugung von Schrott und weiterem Ressourcen vernichtendem Konsum und ähnliche Absurditäten. Die Mobilisierung von nicht vorhandenem Geld, das Staaten von Banken borgen, um Banken zu stützen zu Lasten von Menschen, die das jetzt oder irgendwann bezahlen sollen von Werten, die sie in zusammenbrechenden alten Wirtschaftsstrukturen und tradierten Mustern von „Wirtschaften" und „Wertschöpfung" nicht mehr erarbeiten können. Das totale Vergessen der Tatsache, dass Wirtschaften jeglicher Art, gar „Wirtschaftsliberalismus", losgelöst von Verantwortung gegenüber Mensch und Umwelt, losgelöst von Menschen und ihren Lebensbedürfnissen und Lebensgrundlagen, sich selbst erübrigt. Dass Wirtschaft mehr ist, als die Produktion von zu „Gütern" und „Innovationen" deklarierten Gegenständen und „Produkten" (gibt es etwas noch Absurderes als „Finanzprodukte"?), für die oft genug ein Bedarf erst produziert und abseits aller Lebensrealitäten definiert wird. Die Ignoranz gegenüber dem seit langem Bekannten, dass wir Menschen endlich sind, ebenso wie die Ressourcen unseres Planeten, dass grenzenloses Wachstum diesen Rahmen zerstören muss. Es scheint mir logisch, dass die öffentlich diskutierten Veränderungsvorschläge die Analyse des wahrscheinlichen „Danach" nicht enthalten.

Gleichzeitig habe ich das so sichere wie bedrohliche Gefühl, dass im Hintergrund wie damals die Gewinnler scham- und rücksichtsloser als je zuvor dabei sind, Altes neu zu etablieren, um ihre Macht zu erhalten und auszubauen, die Welt neu zu ordnen und neu zu konstruieren. Die ewigen Gewinnler, die andere Menschen, heutige und noch nicht einmal Geborene verachten, entmündigen, ausgrenzen und enteignen, die sich das ihnen nicht Gehörende neu und rücksichtsloser als je zuvor aneignen oder vernichten.

Déjà-vu – ich kenne das, und vor zwanzig Jahren war vieles so noch nicht möglich.

Und ich will, dass wir die kurzen Augenblicke des Chaos dazu nutzen, Neues und radikalen Wandel, das Ablegen der alten überkommen Denk- und Ordnungsstrukturen zu erproben!

Ich will Ökonomie, Ökologie und Nachhaltigkeit, Arbeit als Leistung zur Herstellung der materiellen und immateriellen lebensnotwendigen Güter wie Bildung, Fürsorge und Beziehung zwischen Menschen, Frauen und Männern, Alten und Jungen neu denken! Ich will Sicherheit als Sicherheit im respektvollen Miteinander und im vorsorgenden Umgang mit endlichen Ressourcen begreifen!

Wie viel Kreativität würde freigesetzt, wenn die Milliarden nicht den Banken, sondern Menschen gegeben würden in Form einer bedingungslosen Grundsicherung? Wie viel Mittel und Energie würden freigesetzt, wenn das ungeheuerliche System an Überwachung und Verwaltung von Arbeitslosigkeit aufgelöst würde, wenn Banker und Versicherer freigesetzt würden, ihre Kreativität bei Absicherung ihrer originären Lebensbedürfnisse für die Schaffung sinnvollerer als Geldprodukte zu nutzen? Wenn ein unübersehbarer Wust von Steuern und Abgaben, insbesondere auf Arbeit, ersetzt würde durch eine einzige – für alle gleiche – Steuer auf den Verbrauch? Wenn als Arbeit alles gewertet würde, was dem Erhalt von Leben, Bildung, was Kultur und Fürsorge füreinander dient?

Die Ideen und Konzepte, wie das gehen könnte, liegen vor und unterliegen den Denkverboten der Politik und der Mächtigen dahinter, aber auch unseren eigenen.

Ich will endlich Wohlstand neu denken: Als Wohlstand an Zeit, Kultur, Ideen, Kreativität zur Bereitstellung des Lebensnotwendigen für alle, als Wohlstand an achtsamer Beziehung zueinander und Wertschätzung füreinander und für unseren Planeten zu begreifen. Ich will Reichtum als Reichtum unserer Möglichkeiten in Gestaltung von Beziehung, Kooperation und Austausch begreifen. Und alles das will ich laut sagen und hören und gemeinsam mit vielen darüber nachdenken und handeln, um wirklich Neues zu schaffen!

Erika Böhme

CHEMNITZ

Erika Böhme, geboren in Bernsbach, lebt seit 1961
in Chemnitz (zu DDR-Zeiten: „Karl-Marx-Stadt").
Die Bauingenieurin war zwischen 1980 und 1990
Bauleiterin in einem Heizkraftwerk und danach in der
Rekonstruktion von Bürogebäuden tätig. Sie hat einen
Sohn, zwei „angeheiratete" Kinder und drei Enkel.

Fernweh stillen – vom Reisen vor und nach der Wende

Unsere Hochzeit war für den 15. August 1961 geplant. In Leipzig, zu zweit. Daran sollte sich ein 14tägiger Urlaub südlich von Berlin anschließen, während dessen wir über die Grenze „in den Westen" gehen wollten.

Nur der letzte Punkt fiel aus, weil inzwischen die Grenze geschlossen worden war! Nicht clever genug, eine (sicher vorhandene) Lücke zu finden und nicht bereit, uns dafür erschießen zu lassen, fuhren wir - artig - wieder nach Sachsen.

Im Nachhinein war ich oft froh über die uns abgenommene Entscheidung, da unsere Ehe nach Jahren zerbrach und ich als alleinstehende Mutter im Osten problemloser leben konnte.

Zwei Fachschulstudien folgten - neben Kind und Fulltimejob. Ich hatte mich eingerichtet: Meine Arbeit als Bauleiterin im Heizkraftwerk machte mir viel Spaß; mein Sohn war bestens aufgehoben, erst im Kinderhort und im Kindergarten, später im Schulhort mit einem Betreuer, der den Kindern viel Handwerkliches rüberbrachte.

Mein Fernweh, meine Sehnsucht, fremde Länder und Menschen kennenzulernen, wurde zum gemeinsamen Hobby in meiner zweiten Ehe. Wir bereisten alles, was uns möglich war, und das war für unsere damaligen Verhältnisse sehr viel: von der tschechoslowakischen, rumänischen und bulgarischen Berg- und Wasserwelt bis nach Moskau, Leningrad und zum Baikalsee.

Ich hätte noch 1988 gewettet, dass ich in meinem Leben nie mehr Wien zu sehen bekomme. Ohne Bezugspunkte - sprich Verwandte und Bekannte - im westlichen Teil Deutschlands, eingesponnen in meine Familie und in meine mich voll in Anspruch nehmende interessante Arbeit, hätte ich bis zum Ende meiner Tage so weitergelebt.

Ich bin heute glücklich, dass mir mein Schicksal - wenn ich es so nennen will - durch die Öffnung der Mauer so viel mehr geboten hat. Wir konnten unser Fernweh ordentlich stillen, unter anderem auch durch eine weltweite Freundschaftsgesellschaft, der ich angehöre, die Friendship Force, die uns nach Mexiko, Neuseeland und Australien brachte.

Ein großer Pluspunkt in meinem jetzigen Leben ist für mich die Frauenbrücke Ost-West. Viele schöne Freundschaften entstehen. Viele Denkanstöße und Zusammenhänge eröffnen sich mir. Ich bin ein anderer Mensch geworden.

Erst in den letzten Jahren bin ich zu einem politisch denkenden Menschen geworden. Einen großen Anteil daran hat die Frauenbrücke Ost-West.

13.11.89 - Transparente am Tor der SED-Kreisleitung

Gabriele Bachem-Böse

CREGLINGEN

Gabriele Bachem-Böse, geboren 1955 in Westberlin, lebt nun im ländlichen Baden-Württemberg. Sie hat drei erwachsene Kinder und einen Enkel. Beruflich ist sie als Diplom-Psychologin in der Jugendhilfe sowie in der Kinder- und Jugendpsychiatrie bzw. -psychotherapie tätig.

Umbruch war bei mir privat angesagt, lange Jahre hatte ich mit meiner Familie, Mann und drei Kindern, nahe der Zonengrenze in Oberfranken gelebt. Irgendwann hatte ich das Gefühl, es geht nicht mehr – diese Grenze, dieses Gefühl: Hier ist die Welt zu Ende, nimmt Einfluss auf mein Denken, engt mich nicht nur in meiner räumlichen Freiheit ein, sondern beeinflusst meine innere Struktur, meine geistige Freiheit.

Ja, so zogen wir also, als sich die berufliche Gelegenheit bot, Ostern 89, nach Baden-Württemberg.

Dort saß ich dann im Sommer und Herbst vor meinem Fernseher und habe den Mut der Menschen bewundert, die über Zäune kletterten, alles aufgaben, was sie hatten, um ihre Heimat hinter sich zu lassen.

Die Demonstrationen in der DDR habe ich dann mit viel Zittern und Bangen verfolgt, saß weinend vor dem Fernseher, weil ich mir nicht sicher war, ob das gut gehen konnte, ob die Machthaber nicht doch noch auf das eigene Volk schießen lassen würden. Ab dem 9. November habe ich mich gefreut, mich gefragt, wie das passieren kann, wie das möglich ist, diese Aufgabe eines Staates, und mich dann geärgert, dass ich meinen privaten Umzug so vorangetrieben hatte.

Meine Freundin aus Oberfranken musste nun immer Bericht erstatten von unglaublichen Schlangen an den Geschäften, von Trabbis, die in Dreierreihen parkten und alle Straßen verstopften und fürchterlich stanken.

Nachdenklich wurde ich dann bei politischen Äußerungen. Die CDU gab bekannt, sie habe die Pläne für eine Wiedervereinigung schon IMMER in der Schublade gehabt, sie hätte dies schon lange geplant und letztlich dadurch, dass die Pläne in ihren Schubladen gelegen hätten, selbst für die Wende gesorgt. Hier wurde den mutigen Menschen aus der DDR zum ersten Mal ihre Würde genommen. Es sollte, aus meiner Sicht, noch unendlich oft und auch ganz individuell geschehen.

Für mich ist der Satz des damaligen Bundeskanzlers Kohl und meine emotionale Reaktion darauf noch im Gedächtnis, dass wir „unsere Brüder und Schwestern" mit offenen Armen empfangen werden. Da stellten sich mir die Haare auf. Alle Menschen aus „der Zone", mit denen ich seit meiner Kindheit zu tun gehabt hatte, bei unzähligen Fahrten von Hamburg bzw. von München nach Berlin und zurück, bei Besuchen in Ostberlin, hatten diese Brüder und

Schwestern mir Angst gemacht, Angst, für die es keinen Grund gab, die bei mir zu Hilflosigkeit, dem Gefühl von Ausgeliefertsein und Ohnmacht führte. Ich habe dies nicht vergessen und auch nicht verziehen über die Jahre. Anfang der 90er Jahre haben wir dann auf dem Weg von Norddeutschland einen Abstecher über den Harz gemacht und voll Freude ein uns fremdes Land kennenlernen wollen. Das war vielleicht ein wenig blauäugig, und die Gedanken und Gefühle, die ich hier auf dem Paper aneinanderreihe, waren nicht alle gleichzeitig und immer präsent, so wurde ich durch die Reserviertheit und Ablehnung der Menschen auf Abstand gehalten. Jeder einzelne Kontakt zu Menschen aus dem Osten verlief durchaus angenehm, aber die abstrakte Vorstellung an „das System und seine Menschen" ließ mich innerlich auf Abstand gehen. Die Art und Weise, wie die Wiedervereinigung politisch vorangetrieben und letztlich umgesetzt wurde, machte mich wütend, enttäuschte mich, ob der verpassten Chance, mal was wirklich Neues auszuprobieren, beschämte mich, wegen westlicher Arroganz und östlicher Selbstaufgabe oder Gier oder der politischen Entscheidung, geschlossen CDU zu wählen.

Die Frauenbrücke half mir Jahre später, mich mit diesen Themen immer wieder auseinanderzusetzen. Und das genieße ich jedes Mal, dank der Frauen, in ihrer Vielfalt.

Gundula Grommé

EMSDETTEN

Gundula Grommé, geboren 1963, lebt mit ihrem
Mann und drei Kindern in Emsdetten. Sie
absolvierte ein Lehramtsstudium und ist derzeit
als wissenschaftliche Mitarbeiterin einer
Landtagsabgeordneten tätig. Seit 2005 zeichnet sie
als 1. Vorsitzende der Frauenbrücke Ost-West e. V.
unter anderem für die Organisation der bundesweit
stattfindenden Tagungen zu den verschiedensten
politischen Themen verantwortlich.

Für mich waren die Jahre 1989 und 1990 eine Zeit gravierender persönlicher Veränderungen. Die Begegnung mit meinem jetzigen Mann beendete eine langjährige und nervenaufreibende Beziehung. Mitten im Examen wurde ich schwanger, machte Prüfungen, heiratete, habe unser erstes Kind geboren und die erste richtige, eigene Wohnung bezogen.

Zwischendrin habe ich voller Unglauben die Flüchtlingsströme über Ungarn und den Fall der Berliner Mauer mitverfolgt. Zahlreiche Menschen aus der DDR kamen im benachbarten Schöppingen an, und mein Vater, der damals noch bei der Post (heute Telekom) arbeitete, wusste ständig neue, spannende Geschichten zu berichten.

Zu dieser Zeit kannte ich die DDR nur aus Erzählungen entfernter Verwandter und Nachbarn, die über 40 Jahre Kontakt „nach drüben" gehalten hatten. Schon früher, das muss wohl 1976 gewesen sein, war im Nachbarhaus meiner Großeltern eine Familie eingezogen, die „aus dem Osten" kam. Ich erinnere mich, dass sie in der kleinen Stadt eher abschätzig beobachtet und behandelt wurde. Das hat mich schon als Kind gestört, denn ich war neugierig und hätte gerne mehr über das Leben in der DDR erfahren. Im Studium bot sich diese Gelegenheit. Ich wählte DDR-Literatur als Examensthema und beschäftigte mich intensiv mit dem Werk von Christa Wolf.

Als dann die Mauer fiel und ich endlich rüberfahren konnte, überredete ich meinen damaligen Freund und heutigen Mann zu einem Besuch bei seiner Schwester in Berlin. Auf dem Weg dorthin wurde Magdeburg die erste Stadt im Osten, die ich nach der Öffnung der Grenze im Jahre 1990 kennenlernte. Unbeholfen und traurig wanderten und fuhren wir durch die Straßen Magdeburgs und Ostberlins. Der Osten Deutschlands war so ganz anders, als ich es mir vorgestellt hatte. Schon im Sommer 1990 war von der revolutionären Stimmung, der ungeheuren Energie der ersten Wochen, nichts mehr zu spüren.

Ich war enttäuscht, aber nach wie vor neugierig, denn ich wollte mehr erfahren über den sozialistischen Staat und vor allem über das Leben der Frauen, die – wie ich damals glaubte – so viel bessere Möglichkeiten hatten als wir im Westen, für die es vor allem als Mutter kaum Chancen auf

ein gleichberechtigtes Leben zu geben schien.
Die Jahre 1989 und 1990 waren für mein persönliches Leben entscheidend.

Der Fall der Mauer war für mich ein Geschenk, für das ich den Menschen im Osten – vor allem denen, die aktiv daran mitgewirkt haben – bis heute dankbar bin. Ohne sie hätte ich viele wunderbare Menschen und wunderschöne Orte niemals kennengelernt. Jeden Tag freue ich mich darüber, dass seit 1989 ein Teil unserer Geschichte wieder erlebbar geworden ist.

27.11.89 - Demonstration durch Staßfurt

Heidi Pichler

MAINZ

Heidi Pichler, geboren 1946 in Steinfeld in Kärnten/
Österreich, zog Anfang der 50er Jahre mit ihrer
Familie nach Deutschland ins Ruhrgebiet und
später nach Aachen. Die gelernte Buchhändlerin ist
verheiratet und leitete die letzten zwölf Jahre vor
ihrem Ruhestand eine Buchhandlung in Mainz.

Meine persönliche Erinnerung an die Jahre 1989/90 ist ganz besonders geprägt von dem Mut all derer, die sich trotz des damit verbundenen hohen Risikos friedlich versammelten, ein höheres Maß an Freiheit forderten und schließlich eine „gewaltfreie Revolution" vollzogen. Ich glaube, dass dies in der deutschen Geschichte einzigartig war.
Jahrzehntelang und noch unmittelbar vor diesen Ereignissen war ich der Meinung, dass eine Wiedervereinigung, wenn sie denn überhaupt kommen würde, eine Sache künftiger Generationen sei und ich dies bestimmt nicht mehr miterleben würde. Meine „Außensicht" auf die DDR war

von den Medien vermittelt: Repressalien, Willkür, Bespitzelungen, geistige Unfreiheit, Reiseverbote, Einschränkungen bei vielen wirtschaftlichen Gütern. Mit einem Wort: Unrechtsstaat.

Es mag sein, dass viele Bürger der DDR in unpolitischen „Nischen" mehr oder weniger gut leben konnten, aber die Bilder von den getöteten Menschen an Grenze und Mauer waren erkennbar nicht gestellt. Dies war brutale Wirklichkeit. Ein solches Staatswesen durfte nicht auf Dauer bestehen.

Die Bilder von Menschen, die nach Gebeten in der Nikolaikirche den Montagsdemonstrationen in Leipzig folgten, waren für mich ein faszinierendes Ereignis und eine politische Sensation. Ich glaube nicht, dass der vielzitierte „Wunsch nach Bananen" der eigentliche Impuls war, sondern das menschliche Verlangen nach persönlicher und politischer Freiheit. Alle diese Bürger der DDR, jedenfalls die meisten, wussten dabei, dass in einem wiedervereinigten Deutschland auch nicht das Schlaraffenland zu finden ist, aber doch ein freiheitliches System mit Demokratie und Rechtsstaatlichkeit, auch dort mit Mängeln und Fehlern behaftet und mit der permanenten Aufgabe zur verbessernden Weiterentwicklung.

Der neue Blick zurück in die „guten Seiten" der DDR ist meines Erachtens verständlich, wobei nach meinem Eindruck der Wunsch nach mehr Solidarität im Zusammenleben im Mittelpunkt steht. Und trotzdem glaube ich, dass die Blickrichtung falsch ist. Nicht Solidarität und Unfreiheit in der Vergangenheit sollten Zielvorgabe sein, sondern Freiheit und mehr Solidarität in der Zukunft sind die politische Aufgabe, die sich heute stellt.

Und wieder glaube ich – wie damals 1989/90 –, dass erst die

nächsten Generationen diesen Wunsch werden realisieren können. Packen wir es gemeinsam an! Vielleicht irre ich ja wieder.

13.11.89 – Vor der SED-Kreisleitung

Hildegard Kirste

RUDOLSTADT

Hildegard Kirste ist Diplom-Ingenieurin für Chemieanlagen und hat 43 Jahre in Staßfurt in Sachsen-Anhalt gelebt. Dort kam sie 1993 mit der Frauenbrücke Ost-West in Kontakt und wurde Mitglied. Da ihre drei Kinder in Nordrhein-Westfalen wohnen und sie in Staßfurt keine Verwandten mehr hat, ist die gebürtige Westpreußin nach der Pensionierung wieder nach Rudolstadt in Thüringen gezogen, wo sie aufwuchs und ihre Ausbildung absolvierte.

Meine Erinnerung an diesen bewussten Tag ist sicherlich nicht so spektakulär wie die vieler anderer Menschen, die im Vorfeld schon auf die Straße oder zu Friedensgebeten in die Kirche gingen. Ich gehörte nicht zu den Kirchgängern, weder vor noch zu den Protesten, weil es mir widerstrebte, ausgerechnet aus Protest gegen den Staat die Kirche aufzusuchen, für die ich sonst nichts übrig hatte.

In der Kleinstadt Staßfurt in Sachsen-Anhalt, in der ich

über 40 Jahre gelebt, der ich aber nun den Rücken gekehrt habe, ging es nicht so wild und aufrührerisch zu, wie es vielleicht 1989 den Anschein hatte. Mein Leben in der DDR verlief eigentlich in ruhigen Bahnen, was nicht heißen soll, dass man nicht ab und an bei Partei und Regierung angeeckt ist. Mit der Partei konnte man sich als Nichtgenosse anlegen. Als Genosse mussten die Richtlinien der Partei befolgt werden, was im Kollegenkreis für reichlich Gesprächs- und Diskussionsstoff sorgte. Es kam sehr darauf an, in welchem Umfeld man beruflich tätig war und seine Meinung äußern konnte. In meinem Tätigkeitsbereich, vorwiegend mit Ingenieuren, wurde sehr offen über Politik und Wirtschaft diskutiert. Keiner fühlte sich dabei eingeengt, eher machtlos dem gegenüber, was Partei und Regierung beschlossen.

Da wir das westliche Fernsehen empfangen konnten, sahen wir aber, dass auch im Westen nicht alles Gold war, was glänzte, und wir uns umsehen würden bei einer Wiedervereinigung. Angesichts der Berichte über Arbeitslosigkeit und Streiks und dergleichen fühlten wir uns in der DDR in der Beziehung besser aufgehoben. Unsere Gespräche hatten oft das Für und Wider der westlichen Gesellschaft zum Thema. Ein Parteigenosse der Abteilung war bei solchen Gesprächen jedes Mal fest der Überzeugung: Das Rad der Geschichte lässt sich nicht zurückdrehen, das heißt, es gibt keinen Weg vom Sozialismus zurück in den Kapitalismus.

An diesen Ausspruch habe ich als erstes gedacht, als ich vor dem Fernsehgerät saß und in den Nachrichten die Maueröffnung verkündet wurde: Zurück in den Kapitalismus. Ich bin absolut kein Pessimist, aber gewohnt, alle Für und Wider miteinander abzuwägen. So habe ich mich gefreut, aber zugleich an die negativen Seiten gedacht, die unweigerlich auch auf uns zukommen würden.

Mir war es nicht das Wichtigste, nun frei reisen und jeden Tag das volle Programm der Versorgung genießen zu können. Es gab sicher oftmals das größte Ärgernis im Alltag, doch ich lebte nach dem Motto „Ich kann mich jeden Tag ärgern, aber ich bin nicht verpflichtet dazu." Das Wichtigste für mich und meine Familie war immer die soziale Sicherheit – Arbeit und Einkommen zum Erhalt des Lebensunterhaltes. Das ist für viele in den östlichen Ländern nach der Wende weggebrochen, und vor allem hat es die getroffen, die zur Maueröffnung am lautesten jubelten. Sie hatten einfach die Erwartungen zu hoch geschraubt oder sich im Vorfeld nicht genug mit der Problematik befasst.

Nun haben wir die Einheit und jeder hat sich mehr oder weniger mit ihr arrangiert. Auch ich lebe inzwischen gut mit ihr und möchte auf keinen Fall die Mauer wiederhaben. Nur überlege ich des Öfteren, in welchem Staat ich mich mehr geärgert habe, sei es die Auslegung des Rechtes, das Bildungssystem oder manches andere. So lebe ich also weiter nach dem oben genannten Motto "Ich kann mich jeden Tag ärgern, aber ..."

Okt. 1990 - Oscar Lafontaine auf Wahlkampftour

Ilona H. Richter

CHEMNITZ

Ilona H. Richter, Jahrgang 1950, ist in Leipzig aufgewachsen. Die studierte Mathematikerin war mehrere Jahre im Ausland tätig. Heute arbeitet sie im öffentlichen Dienst in Sachsen. Zurzeit absolviert sie eine Ausbildung als Mediatorin für die Bereiche Wirtschaft und Familie. Ilona Richter ist aktive Tochter, Mutter und Großmutter.

Meine Gemütslagen im Oktober 1989 und meine Unlust, mich darüber zu äußern

Ich hatte es vorausgesehen. Dieses Jahr 2009 wird uns ständig auf eigene und die Erinnerungen anderer und fremder Leute zurückwerfen.

Die stille, die friedliche Revolution damals, im Herbst 1989. Ich hatte in der Freien Presse gelesen von den Demonstrationszügen in Leipzig, meiner Geburtsstadt, dann auch bei uns in Karl-Marx-Stadt. (Es gab im Sommer '88 mal eine

Ausgabe der Zeitung, da stand oben als Titelzeile über einer Seite Freie Fresse; der verantwortliche Drucker soll in den Knast gekommen sein.) Am 16.10.1989 wäre ich beinahe Teil der Revolution gewesen. Bin mit meiner 6-jährigen Tochter nach Leipzig gefahren und war mit einer Schulfreundin zur Teilnahme an der Demo verabredet. Die Freundin hatte dann Schiss, und so haben wir beide beschlossen, wir bleiben zu Hause beim Kind.

Ansonsten war ich von der erheblichen Schieflage der Harmonie in meiner Familie in Anspruch genommen, die Ehe ist dann im darauffolgenden April geschieden worden, und ich war ungewollt und nicht voraussehbar „alleinerziehend" im Wortsinn für drei Kinder/Jugendliche.

Aus der Fülle der wahrgenommenen Ereignisse bleibt mir der 4.11.1989 in besonderer Erinnerung. Voller Hoffnung und freudvoller Zuversicht, saßen wir vor dem Fernseher, erlebten und hörten eine Vielzahl von Menschen, die bekannt und geschätzt waren, viele aus dem Kulturbereich, die mit hoffnungsfreudiger Begeisterung eine friedvolle, gerechte DDR forderten und planten. Das Datum des „Anschlusses" an die BRD ist für mich kein Grund für Freudentaumel gewesen. Das tägliche Leben war zu meistern: Bin zur Deutschen Bank, die in einem blauen Container ihre Räumlichkeiten hatte, dort galt es ein Konto zu eröffnen zum monatlichen Abstapeln von 26 Mark „vermögenswirksamer Leistungen", die mir mein Arbeitgeber neuerdings anbot. Lidl und Penny waren nebenan.

Was würden unsere Bildungsabschlüsse wert sein? Welche Veränderungen würden der 13-jährige Sohn und die 16-jährige Tochter zu verkraften haben? Neues zu erkunden, wie Reisen ins Fichtelgebirge oder die neuen Bekannten in Bayreuth zu besuchen, machte Spaß. Doch bei allem waren die Fragen ständig in meinen Gedanken: Was muss ich tun, damit meine Kinder in dieser Gesellschaft, deren Regeln erst zu ergründen waren, zurechtkommen; Gleichaltrigen im Westen möglichst ebenbürtig sind, um eine gute Zukunft aufbauen zu können. In meiner Arbeitsstelle musste ich mich neu bewerben, laufend machten neue Gerüchte die Runde. Wir waren Teil des wiedervereinten Deutschlands, aber die anderen waren schon da, und wir kamen gerade erst an. Gleichberechtigt konnte man sich nicht fühlen, doch ich war gewillt, mich nicht unterbuttern zu lassen. Im Sommer 1990 wurde ich 40 Jahre. Wozu soll ich zurückschauen? Ich lebe im Jetzt, und im Hier. Zurückschauen bedeutete auch, wieder die Sehnsucht nach einem besseren Land zu spüren. Daniela Dahn schrieb: „Die Nostalgie vieler Ostdeutscher ist weniger der DDR verhaftet, als dem Traum von einem Westen, der sich nicht erfüllte. Der sich verdunkelte, sobald die Hinzugekommenen den Raum betraten. Bei den Einheimischen erweckte das den Eindruck, die Neuen hätten das Dunkel mitgebracht."

Sinn sehe ich für mich darin, zum Miteinander der Neuen und der Einheimischen beizutragen. Gemeinsam neue gerechte solidarische Räume zu schaffen. In der Frauenbrücke merken wir, wie mühevoll das mitunter ist, und wie beglückend, wo es gelingt.

Authentische Zeugnisse aus der Wendezeit werden für ein multimediales Bildungsprojekt gesucht, lese ich. Ich kann meine Scheidungsurkunde „Im Namen des Volkes" beisteuern. Nach DDR-Recht geschieden, mit drei Kindern kurz darauf plötzlich in der BRD lebend, hatte ich bis zum Abschluss ihrer Ausbildungen bis auf einen geringen Unterhaltsbeitrag des Vaters für alles aufzukommen. Und teile heute das Schicksal vieler Alleinerziehender, die eine geringe Rente beziehen, obwohl sie nach einem Studienabschluss ununterbrochen berufstätig waren und ordentlich was geleistet haben im Interesse und für das Fortbestehen der Gesellschaft. DDR ein Unrechtsstaat, BRD ein Rechtsstaat? 20 Jahre nach dem hoffnungsvollen Herbst 1989 habe ich eigene kritische Antworten gefunden. Auch die haben mit meiner Unlust zu tun, in Erinnerungen zu schwelgen.

13.11.89 – Ansprache der Pfarrerin Hilke Kemnitz

Ingrid Behrend

BAD KREUZNACH

Ingrid Behrend, geboren 1944 in Landeshut/Schlesien,
ist verheiratet und hat drei Kinder. Die Familie
lebte in Starnberg, Göttingen, San Diego/USA, Ulm
und seit 1980 in Mainz, später in Bad Kreuznach.
Behrend arbeitete als Biologisch-Technische
Assistentin, als Übungsleiterin in Sportvereinen
sowie als Referentin für frauenpolitische
Weiterbildung an der Volkshochschule in Mainz.

Am heutigen Tag beginnt in unserer Kreuznacher Tageszeitung eine Artikelreihe zum Thema „20 Jahre Mauerfall". Der erste Artikel beschäftigt sich mit der gefälschten Kommunalwahl am 7. Mai 1989, verfasst vom Ex-Bürgerrechtler Rainer Eppelmann, und beim Lesen desselben wurde ich wieder an den Frauenbrücke-Aufruf erinnert, ein paar persönliche Worte über die Zeit der friedlichen Revolution in Deutschland 1989 zu schreiben. Nun denn.

Dass ich im Westen Deutschlands aufgewachsen bin, und nicht im Osten, ist reiner Zufall. Geboren bin ich 1944 in Schlesien, und da mein Vater im Krieg gestorben ist, flüchtete unsere Familie Richtung Westen, wo der einzige „Ernährer", mein Großvater, Arbeit fand. Dies war in Emsdetten/Westfalen ... Meine Mutter, meinen Bruder und mich verschlug es nach Ostfriesland.

Unser geteiltes Deutschland war für mich und mein Leben im Westen zur Normalität geworden, und wenn ich ganz ehrlich bin, hatte ich nur wenig Ahnung über das Leben der Menschen in der DDR. Zwar war ich seit Mitte der 70er Jahre immer mal wieder zu Besuch bei Verwandten in Thüringen, in einem kleinen Dorf an der Werra, aber in dieser Familie wurde so gut wie gar nicht politisiert. Einzig die jeweiligen Einreiseschwierigkeiten an der Grenze erschienen mir immer wie ein schlechter Film, in den ich geraten war. 1987 waren wir in den Sommerferien mit der Familie in Ungarn, und ich erinnere mich an Begegnungen dort mit ostdeutschen Urlaubern, die sehr daran interessiert waren, mit uns ins Gespräch zu kommen. Das Land Ungarn war eine der wenigen Möglichkeiten dafür. Der ganze Wahnsinn dieser Situation wurde mir da zum ersten Mal so richtig klar. Dass sich wenige Jahre später große Veränderungen hinter dem „eisernen Vorhang" abspielten, ahnten wir alle nicht. Das Jahr 1989 war für mich persönlich ein sehr schmerzliches. Mein Rücken spielte verrückt und es gipfelte im November in einer Bandscheibenoperation. So waren für mich die unglaublichen politischen Ereignisse, die sich abzeichneten, zu dieser Zeit nur zweitrangig.

Die ersten Jahre des vereinten Deutschland empfand ich wie einen schönen Traum. Man konnte die ostdeutschen Landschaften erfahren, im wahrsten Sinne des Wortes, sich Gegenden ansehen, die bis dahin nur aus Erzählungen der Großeltern, Tanten und Onkel stammten. Meine väterliche Familie kommt aus Sachsen-Anhalt und Brandenburg.

Den größten Beitrag aber leistete für mich die Frauenbrücke Ost-West, bei der ich seit 10 Jahren Mitglied bin. Um gegenseitige Missverständnisse und Vorurteile abzubauen, hilft einfach nur, miteinander zu reden, einander von unserem Leben zu berichten. Nur dann werden West- und Ostdeutsche feststellen, dass es so viel gibt, was uns verbindet, und einiges, was uns unterscheidet – und doch nicht trennt.

27.11.89 –Demonstration durch Staßfurt

Karin Haag

NÜRNBERG

Karin Haag wurde 1943 in Bromberg geboren. Bis zu ihrer Pensionierung war sie Grundschullehrerin in Nürnberg. Seitdem auch ihr Mann nicht mehr berufstätig ist, arrangiert das Ehepaar Gesprächskreise zu aktuellen Themen wie „Die entscheidende Rolle der Sprache für unsere Wahrnehmung der sehr komplexen gesellschaftlichen und politischen Wirklichkeit" oder „Medienethik/Medienverantwortung".

Ich weiß noch, was für ein absolutes Glücksgefühl ich hatte, als ich am Morgen hörte, dass die Grenzen geöffnet worden sind. Vor Freude kamen mir die Tränen; und ich war so traurig, dass ich in Berlin nicht dabei gewesen war. Leider hatte ich nur eine knappe Stunde Zeit, mich überschwänglich zu freuen. Meinen Erstklässlern, die ich unterrichten musste, war die Grenzöffnung ziemlich egal.

Marx und Engels verehrte ich sehr. Geschichtsbücher hatte ich gerne in Ostberlin gekauft; aber mit Menschen aus kommunistischen Ländern hatte ich wenig Kontakt, eigentlich nur mit völlig unnahbaren und arroganten Grenzern, wenn wir nach Berlin oder Ostberlin fuhren, und die waren für mich furchterregend. Wie viel weniger Angst hatte ich, wenn wir die Grenze in die damalige Tschechoslowakei überquerten.

Im Jahr der Öffnung waren wir am 1. Mai bei Freunden in Weimar. Für uns das erste Mal mitten im Land. Ich war total beeindruckt von dem mir unendlich lang erscheinenden Mai-Umzug, vorbei an all den in Decken eingehüllten und auf Bänken sitzenden alten Männern (vermutlich Parteifunktionäre). Als ich meine Verwunderung über die vorbeiströmenden Menschenmassen äußerte, klärten mich unsere Weimarer Freunde darüber auf, dass der Zug ständig im Kreis laufen würde. Auf eine so pfiffige Idee waren wir in Nürnberg bei unseren Maikundgebungen nicht gekommen.

Nach der Kundgebung wollten wir damals in Weimar in einem Lokal essen gehen. Obwohl wir vorbestellt hatten, mussten wir warten. Als wir an einen Tisch beordert wurden, gab es nur noch kalte Speisen, und ich wunderte mich sehr, dass es unsere Weimarer Freunde klaglos hinnahmen. Beschwerden könnten für sie böse Folgen haben; sie dürften dann gar nicht mehr in dieses Lokal, so erklärten sie mir. Sieh an, dachte ich mir, auch hier wieder strenge und unnahbare Menschen.

Dass das arrogante und überhebliche Verhalten der Kellner mit dem sozialistischen Klassenbewusstsein zu tun hatte, wurde mir später erklärt, allerdings in westdeutschen Zeitungen. Bei uns im Westen wussten die Kellner, dass sie zu dienen hatten. Man musste sich nicht vor ihnen ducken.

Das selbstbewusste und stete Munterkeit demonstrierende Auftreten vieler Westdeutscher sei ihnen allerdings auch ein Dorn im Auge, äußerten meine Freunde. Nein, auffallend westdeutsch wollte ich wahrhaftig auch nicht sein, war es aber vermutlich. (Leider kam der Gegenbesuch unserer Weimarer Bekannten nach der Öffnung der Grenze nie zustande, die Verbindung riss nach kurzer Zeit ab; das kann ich mir bis heute nicht erklären, hörte aber von ähnlichen Fällen.)

In meine Klasse kam kurz nach der Öffnung der kleine, kompakte Robert aus Halle, ein goldiger Kerl. Eines Tages stand er vor mir und sagte: „Weißt du was? Die sagen alle zu mir, ich bin ein schlechter Kerl." – „Du und ein schlechter Kerl?" fragte ich. „Wie kommen die denn da drauf?" – „Weil ich nicht an Gott glaube", antwortete er. Den Bekehrungsversuchen seiner Schulkameraden zeigte er nur die kalte Schulter. Einem so kleinen, bekennenden Atheisten war ich vorher noch nicht begegnet. – Im selben Jahr ging seine Familie wieder nach Halle zurück. Seine Mutter erzählte mir aber vorher noch, wie gut die soziale Erziehung im DDR-Kindergarten gewesen sei. Die Menschen im Westen waren ihr zu egoistisch. Mich hat das schon beeindruckt, stellte ich mir doch die DDR-Kindergärtnerinnen und Lehrerinnen genauso streng und stur vor wie die Grenzbeamten. Geglaubt habe ich ihr aber jetzt sofort, hatte ich doch auch mit großer Freude und mit großem Erstaunen die friedliche Revolution in der DDR wahrgenommen.

Schon bevor ich in die Frauenbrücke eingetreten bin, hatte ich bei seltenen Reisen nach Ostdeutschland viele schöne Erlebnisse mit Menschen aus der ehemaligen DDR, und das hat sich bis heute fortgesetzt. Es wurde mir zunehmend mehr bewusst, dass das abweisende und sture Verhalten vieler Grenzbeamten der damaligen DDR keineswegs repräsentativ war für die Bürgerinnen und Bürger Ostdeutschlands.

13.11.89 - Kerzen anzünden vor der SED-Kreisleitung

Margrit Richter

Berlin-Pankow

Margrit Richter, geboren 1943, hat zwei Kinder und war als Schneiderin und Wirtschaftskauffrau in verschiedenen Betrieben in Berlin tätig. Sie lebt in Berlin-Pankow, wo sie das Frauenzentrum Paula Panke mitgegründet hat. 1990 nahm sie für den Unabhängigen Frauenverband Deutschland („Lila Frauen") am Runden Tisch in Pankow teil.

Der Runde Tisch – das „Pankower Modell"

Denke ich an das Jahr 1989, erinnere ich mich an die letzten Wahlen in der DDR. Nach 20 Jahren können die Erinnerungen unscharf werden, aber auch das Wesentliche hervorheben. Ich möchte einige Erlebnisse von der Gründung des Runden Tisches in Pankow berichten, an dem ich als eine von drei Frauen der „Lila Frauen" teilnahm.

7. Mai 1989: Wahltag in der DDR. Es bestand Verdacht auf Wahlbetrug, was sich dann auch bestätigte. Der amtierende

Bürgermeister und der Rat des Stadtbezirkes traten am 9. Dezember zurück. Vertreter des Neuen Forums übernahmen die Verantwortung für das Gemeinwohl am Runden Tisch. Die Kirche in Pankow übernahm die Moderation. So entstand das „Pankower Modell". Ein neuer Bürgermeister wurde gewählt, einer vom Runden Tisch. Es war der jüngste Bürgermeister in Berlin, 26 Jahre. Wir hatten ein gemeinsames Ziel. Wir wollten die Gesellschaft verändern. Manche haben sich in ihrer Lebensgeschichte aus dem bisherigen System herausgehalten. Unbeholfenheit, aber auch eine charmante Naivität brachte eine menschliche Note ein, die ich nicht missen möchte. Alle, die darin mitgewirkt haben, hatten keine Erfahrungen.

Ein Traum des Runden Tisches: Jeder schulde jedem Anerkennung als Gleicher. Das „Pankower Modell" war ein Teil des Traumes. Wie schon erwähnt, wir wählten unseren Bürgermeis-ter aus der Mitte des Runden Tisches am 16. Februar 1990. Seine Amtszeit endete nach 105 Tagen, am 31. Mai 1990. Es war die spannendste Zeit meines bisher unpolitischen Lebens. Wir behandelten Themen wie: Gründung des Frauenzentrums Paula Panke (ich war eine der Mitbegründerinnen), Errichtung eines Kinderbauernhofes (es gibt ihn heute noch), Kinderläden, Umweltfragen, Hausverkauf Majakowskistraße (Egon Krenz und andere ehemalige Staatsfunktionäre) u.v.a. Wir haben uns oft zusammengerauft, es war eine sehr komplizierte Situation in Pankow, dem ehemaligen Regierungssitz.

Wir haben uns selbstbewusst an den Runden Tisch gesetzt und Kommunalpolitik übernommen. Das war ein Zeichen von praktischer Demokratie. Es hat sich gelohnt.

Am 27. April 1990 war die letzte Beratung des Pankower

Runden Tisches. Am 6. Mai 1990 wurde eine neue Stadtverordnetenversammlung gewählt. Das Wahlergebnis war unverfälscht und ehrlich.

27.11.89 - „Gebet für unser Land", St. Marienkirche

Marlies Wutta

FALKENSEE

Marlies Wutta wurde 1953 in Falkensee geboren. Sie war zur Zeit der Wende in ihrer Geburtsstadt als Erzieherin tätig und ist heute in der dortigen Stadtverwaltung als Personalsachbearbeiterin beschäftigt. Die Mutter dreier erwachsener Kinder ist (frauen-)politisch interessiert und engagiert und lebt mit Partnerin und Mutter weiterhin in Falkensee im Land Brandenburg am Rande Berlins.

Das wichtigste Ereignis, meine intensivste Erinnerung an das Jahr 1989, war nicht die Öffnung der Grenze zwischen Ost- und Westdeutschland, sondern sicher die Geburt meines dritten Kindes. Ich habe, ohne es im Rahmen der geschichtlichen Entwicklung geplant zu haben, ganz zufällig ein Wendekind bekommen. Als Herr Schabowski während der denkwürdigen Pressekonferenz in Berlin diesen einen entscheidenden Satz zur sofortigen Reisemöglichkeit der DDR-Menschen in Richtung Westen verkündete, saß ich inklusive eines ganz erheblichen Bauchumfangs im Wohnzimmer und schaute Nachrichten. Natürlich hatten wir in den zurückliegenden Monaten wie alle anderen intensiv die sich täglich ändernden Gegebenheiten verfolgt. Natürlich besuchte mein damaliger Mann die eine oder andere Kirchenveranstaltung, um zu hören, was da so gesagt wurde. Das heimliche Aufbegehren hatte eine neue Dimension erhalten. Dennoch wurde von offizieller Seite eine unglaubliche Ignoranz zur Schau gestellt. Alle wussten, dass es so nicht weitergehen konnte, und doch bewiesen unsere Politgreise, dass sie blind und taub waren. Ganz nach dem Vogel-Strauß-Prinzip steckten sie den Kopf in den Sand. Es brodelte im ganzen Land, und besonders wir hier am westlichen Rande Berlins, im Schatten der Mauer zwischen Berlin-Spandau und Falkensee, der tot gehaltenen Kleinstadt im Kreis Nauen, Bezirk Potsdam, bekamen die Angst der Oberen zu spüren.

Als mein Mann im Frühjahr 1989 das tat, was er alljährlich hier in der Gegend tat, nach Feierabend auf dem Grundstück eines Bekannten mit schwerem Forstgerät beim Umlegen einiger Bäume zur Hand zu gehen, wurde er von einem hiesigen Polizisten zur Polizeiwache verbracht. Man hielt ihn stundenlang fest, um ihn davon zu überzeugen, dass er einen Grenzdurchbruch mit dem Rücketrecker geplant hatte. Dabei hielt er sich im grenzfernsten Winkel der Stadt auf! Allein, er arbeitete da nicht für seinen Betrieb, die Forstverwaltung, sondern „schwarz" – ohne Auftrag. Das aber interessierte die Jungs in Grün nicht, sie wollten einen Grenzverletzer auf frischer Tat zur Strecke bringen. Witzigerweise war ich im Februar 89 ganz DDR-konform per Visum zum fünfzigsten Geburtstag meiner Tante im Westerwald. Ich durfte erleben, wie es sich anfühlt, über den Bahnhof Friedrichstraße per Interzonenzug in den Westen zu reisen. Eine lange Reise durch die Nacht.

Ein Jahr später reisten wir in die gleiche Richtung, aber am Tage und ohne Visum sowie in der Hälfte der Zeit. Inzwischen waren wir alle zu offiziellen Grenzgängern geworden. Denke ich an diese erste Zeit zurück, läuft mir immer noch ein Schauer über den Rücken. Fahre ich mit dem Auto rein nach Berlin, spüre ich noch die Grenze, obwohl sich die äußerlichen Verwundungen durch überbaute Flächen fast vollständig geschlossen haben. Rein baulich hat sich zusammengefügt, was schon seit vielen Jahren eigentlich zusammengehörte, die „Narbe" aus 40 Jahren Teilung ist geschlossen. Die „Wundränder" sind kaum noch sichtbar.

In unserer Stadt, deren EinwohnerInnenzahl sich seit 1989 verdoppelt hat, wohnen inzwischen Leute aus Bayern neben denen aus Niedersachsen. Hier trifft Ost auf West und Nord auf Süd, und eine Minderheit von Eingeborenen, zu denen ich gehöre, lebt auch noch in dieser Oststadt im Westen Berlins.

Wie alle habe ich damals das große Glück gespürt, endlich selbstbestimmte Wege zu gehen, wobei sich dies ausschließlich auf die vielgepriesene Reisefreiheit bezog. Damals wie heute fehlte mir glücklicherweise der Hang zum Blick durch die rosarote Brille. Dieser Umstand half mir, meinen Platz im Leben zu finden und damals wie heute aufrecht und ohne mich verbiegen zu müssen durchs Leben zu gehen. Ich war und bin kein Wendehals, wie man vor 20 Jahren in der vor dem Untergang stehenden DDR die Leute nannte, die ganz plötzlich mit völlig gegensätzlichen Parolen hausieren gingen. Übrigens waren es aber gerade diese Leute, die ganz schnell dabei waren, den Rahm abzuschöpfen, die als Erste begriffen, in welchen Wind sie nun im eigenen Interesse die Fahne zu hängen hatten.

Das Spannendste in all den Jahren, insbesondere aber in der Zeit vor und in der ersten Zeit nach der Wende, war für mich die Erkenntnis, eine höchst interessante gesellschaftspolitische Phase im alten Europa ganz bewusst miterleben zu dürfen. Dazu gehörte auch, dass ich – wie viele andere auch – begreifen musste, dass der Kapitalismus das Gesicht hatte, welches uns im Geschichtsunterricht Jahre zuvor vermittelt worden war.

Dennoch, ich bin froh, dass ich im Hier und Jetzt lebe, und dass ich gleichzeitig Teil der Geschichte vor 20 Jahren bin. Keinen Tag in diesen vergangenen Jahren möchte ich missen, keinen der guten, aber auch keinen der weniger guten.

Monika Leimert

COTTBUS

Monika Leimert, Tochter einer Ärztin und eines
Theater-Dramaturgen, wurde 1938 in Berlin geboren.
Kriegsbedingt zog die Familie 1943 nach Chemnitz.
Nach dem frühen Verlust der Eltern in den 50er
Jahren sorgte Monika Leimert zunächst für die
beiden jüngeren Brüder. Später absolvierte sie eine
Ausbildung zur Bibliothekarin in Leipzig und arbeitete in verschiedenen Bibliotheken. Seit 1966 lebt
sie in Cottbus, wo sie sich heute ehrenamtlich im
Frauenzentrum engagiert.

Die Zeit um 1989/1990 wird mir als eine besonders aufregende und schnelllebige Zeit im Gedächtnis bleiben. In Cottbus gab es Umweltgruppen, aber dazu gehörte ich nicht. Die erste öffentliche Demonstration fand hier erst Ende Oktober statt. Von Bekannten hörte ich, dass sie nach Leipzig fuhren, um dort an Kundgebungen teilzunehmen. Ein Gefühl von Revolution, wie wir es von der Geschichte her wussten, kam deshalb bei mir nicht auf. An Plakate von Cottbuser Demonstranten mit der Aufschrift „Neue Männer braucht das Land" erinnere ich mich.

Es dauerte dann auch nicht lange und in Berlin ging die alte Regierung in Rente. Es gab hier zu dem Zeitpunkt regelmäßig Kundgebungen. An eine erinnere ich mich als Zuhörerin, denn Teilnehmer erzählten auf dem Podium ihre verdrängten Schicksale. Aufrufe zu einer Veränderung wurden laut. Werner Walde wurde beschimpft und sein Rücktritt gefordert. Am Tag des Mauerfalls versammelten sich SED-Mitglieder öffentlich und schlossen sich der Reformbewegung an.

Am darauffolgenden Tag hörte ich im Dienst von Kunden, dass sie in der Nacht in Westberlin waren. Da gab es für mich zum Wochenende auch kein Halten mehr. Ich reihte mich in die Menschenschlange zum Westen ein. Meine Verwandten in Friedenau traf ich beim ersten Versuch nicht an. Sie waren wie ich als Zeitzeugen unterwegs. Bilder erinnern noch heute daran, wie die Menschen die Mauer überwunden hatten. Mit Cousin und Cousine holte ich in einem Postamt mein Begrüßungsgeld ab. Ich gab es noch nicht aus, aber bei der Heimfahrt im vollbesetzten Zug stellte ich fest, dass die anderen Rückreisenden nach Cottbus sich größere oder kleinere Dinge dafür gekauft hatten. Der Westen lockte mit seinem Überangebot an Waren jeglicher Art.

Die revolutionäre Stimmung schlug um in die Forderung nach der Einheit Deutschlands. Das fiel mir besonders auf während eines Ausflugs in das sächsische Industriegebiet mit den ständigen Losungen „Es hilft nur die Einheit". In den Nachrichten hörte ich, dass die Kombinatsdirektoren Kindergärten aus dem Betrieb ausgliedern wollten. In

Berlin und anderswo protestierten die Eltern und vorwiegend die Frauen dagegen. Die Ereignisse überschlugen sich.

Vor der Währungsunion schon wurden wir mit Ware überschüttet. Ich kam mir von einem Extrem ins andere geworfen vor. Dass es einen Mittelweg nicht gibt, musste ich erst lernen.

Wir sind alle über die Einheit Deutschlands froh. Nicht alle Erwartungen haben sich erfüllt. Deshalb sind nicht nur für mich der Austausch und die Zusammenarbeit für zukünftige Aufgaben innerhalb der Frauenbrücke Ost-West wichtig.

7.12.89 – Aushang im Fernsehgerätewerk

Reinhild Metzger

LEIPZIG

Reinhild Metzger (Name und Stadt von der Redaktion geändert), mehrfache Mutter und Großmutter, wurde 1941 im Osten Deutschlands geboren. Die Ruheständlerin war Handwerksmeisterin und Lehrausbilderin von Beruf. Ihre Freizeit gestaltet sie heute aktiv mit Wandern, Radfahren, Gartenarbeit, Schwimmen, Konzert- und Theaterbesuchen und Lektüre.

Wir waren jung damals am 13. August 1961, mein damaliger Freund und ich hatten viele Träume und Pläne. Einer davon war, während der Fahrt zu unserem Urlaubsort Binz auf der Insel Rügen, einen Abstecher nach Westberlin zu unternehmen und über den Ku´damm zu bummeln. Aber daraus wurde nichts, die Mauer stand über Nacht, wir waren entsetzt, eine dauerhafte Trennung der Familien, unvorstellbar.

In unserem Haushalt lebte meine sechsjährige Cousine. Meine Eltern hatten sie als Baby aufgenommen. Ihre Eltern, der Bruder und die Schwägerin meiner Mutter kamen nach einer Urlaubsreise „in den Westen" (1955) nicht zurück. Sie hinterließen zwei kleine Mädchen. Ein Jahr später hatte meine Mutter die Ältere der beiden Schwestern zu ihrer Familie nach Westdeutschland gebracht, weil sie dort eingeschult werden sollte. Die Jüngere blieb fünf Jahre bei uns und war für mich wie eine kleine Schwester. Aber im Zeitraum des Mauerbaus hätten die eigentlichen Eltern mit einer Adoption einverstanden sein müssen und das wollten sie nicht.

Was nun? Jetzt gab es die Mauer!

Nach langem Hin und Her wurde beschlossen, die Kleine von unserer Oma, die damals schon Rentnerin war und deshalb in den Westen reisen durfte, zu den Eltern bringen zu lassen. So geschah es auch. Aber die Trennung von unserer Familie, die ja so viele Jahre die ihre war, hat sie nie überwinden können.

Sie kam quasi zu fremden Menschen, obwohl es ihre leiblichen Eltern waren, wie in eine andere Welt. Diese Erlebnisse haben sie geprägt. Noch heute – nach so langer Zeit und mit eigener Familie – hat sie traumatische Erinnerungen. Ein Glück, dass 1989 im November der Mauerfall beschlossen wurde. Wir können uns jetzt besuchen und tun das auch fast jedes Jahr. Meine Cousine sieht jetzt unsere Region als ihre Heimat an. Hier sind ihre Wurzeln. Wir verstehen uns wunderbar als „Schwestern", und sie ist glücklich, bei mir sein zu können.

Die Mauer hat viel Leid verursacht, aber ich bin trotz allem dankbar, dass ich unsere drei Söhne, im sozialistischen Teil Deutschlands erziehen konnte, mit Kindergärten, Lehrstellen und ohne Verlockungen wie etwa Rauschgift usw. Ich glaube, es war problemloser für mich.

Wir haben inzwischen auch unseren Bummel auf dem Ku´damm nachgeholt. Ich war vollkommen geblendet und fühlte mich in einer anderen Welt.

Heute ist alles schon Alltag geworden, deshalb bin ich auch gerne in der Frauenbrücke Ost-West, um Gespräche über die Zeit der Gegensätze in unserem Deutschland zu führen und interessante Frauen kennenzulernen. Schicksale zu erfahren, Verbindungen zu knüpfen und vielleicht auch Erfahrungen für die Zukunft zu machen.

11.12.89 – Montagsgebet, St. Marienkirche

Renate Mäding

CHEMNITZ

Renate Mäding, Mutter eines Sohnes, ist 1949 in Römhild/Thüringen (Sperrgebiet) nahe der Grenze zu Bayern geboren. Seit 1969 lebt sie in Chemnitz (zu DDR-Zeiten Karl-Marx-Stadt), wo sie bis zur Auflösung ihres Betriebs 1991 in verschiedenen kaufmännischen Bereichen tätig war. Trotz Weiterbildung zur Diplom-Ökonomin war es für sie als Frau über vierzig schwierig, danach wieder eine unbefristete Stelle zu finden. Bis 2009 arbeitete die Autorin deshalb mit sieben befristeten Arbeitsverträgen und musste zwischendurch auch Zeiten der Arbeitslosigkeit überbrücken.

Denk ich an 1989

Ja, ich denke oft daran, welche Hoffnung ich, meine ganze Familie, unsere Freunde und Verwandten mit unseren wöchentlichen Montagsdemos verbunden haben. Es war sehr aufregend: Jedes Mal die Angst, ob wir wieder gesund nach Hause kommen. Gerade im Herbst, als es ja um 18 Uhr schon dunkel war. Jeder mit einer Kerze in der Hand, der Herbstwind hatte öfters Gelegenheit, die Flamme zu löschen. Der Fremde nebenan auf der Straße war auch ein Freund der Freiheit, er gab Hilfestellung, die Kerze wieder anzuzünden. Danach saß ich dann den restlichen Abend vor dem Fernseher, sah in ARD und ZDF die Berichte an und bekam wieder Angst. Aber die Hoffnung, dass sich unser Aufmarsch auf den Straßen lohnt, war es wert, der Montagsdemo nicht fernzubleiben. Eigentlich war der Montagabend mein Sporttag (seit 1977).

Am nächsten Tag auf Arbeit wurde diskutiert, die Lage analysiert. Die Skeptiker, besser gesagt die, die noch nicht dabei waren, wurden aufgefordert, auch mitzukommen. Natürlich war es auch gefährlich, mit wem man sich über die Demo oder die Berichte aus dem Fernsehen unterhielt. Bei mancher Kollegin bzw. bei manchem Kollegen wusste man ja, wie sie/er zu der Sache eingestellt war. Also hat man sich in seinen Äußerungen etwas zurückhalten müssen. Vor allem aber die nächsten oder übernächsten Vorgesetzten wollten wissen, was zur Demo gesprochen wurde. In meinem damaligen Betrieb, ein Forschungszentrum des Werkzeug-Maschinenbaus, waren nun mal fast 99 Prozent SED-Angehörige. Man wusste allerdings inzwischen, wer noch wirklich ein „echter Genosse" oder wer nur „Mitläufer" war.

Vor allem die Fernsehbilder aus der Prager Botschaft haben mir echt zu schaffen gemacht. Es war für mich unbegreiflich, wie sich diese vielen Menschen dort auf diesem Gelände unter diesen Umständen aufgehalten haben. Ich weiß nicht, ob ich es als mutig oder leichtsinnig oder riskant bezeichnen sollte. Jedenfalls habe ich auch vor dem Fernseher Rotz und Wasser geheult, als die erlösende Nachricht von Herrn Genscher überbracht wurde.

Nachdem dann auch noch „versehentlich" so schnell und scheinbar ganz unproblematisch die Grenze für alle geöffnet wurde, war die Freude überall riesengroß. Irgendwie verlief dann alles so „unplanmäßig", ja oft chaotisch. Die Leute in den Grenzgebieten wurden regelrecht von den Massen überfallen.

Ganz gemein fand ich dann, dass sich wenige Tage nach der Grenzöffnung der Herr Schalk-Golodkowski heimlich nach Bayern abgesetzt hatte, nachdem er sich bis zur letzten Minute sogar gegen die angestrebten Reiseerleichterungen für alle DDR-Bürger im DDR-Fernsehen ausgesprochen hat. Bei Herrn Strauß & Co. hatte er sofort Unterschlupf gefunden. Er hatte doch selber am meisten vom DDR-System profitiert. Ich kann mich noch gut an eine Sendung im damaligen DDR-Fernsehen erinnern, wie er gegen die geplanten Reiseerleichterungen gewettert hat. Scheinbar wurde ihm damals schon bewusst, dass dann die Leute möglicherweise durch Gespräche bemerken, was er für unseriöse Geschäfte mit dem Herrn Strauß aushandelte. Ein „Groß-Gauner" erhält Unterschlupf und wird nie dafür belangt.

Leider haben sich die Hoffnungen der meisten Leute, die damals für die Veränderungen auf die Straße gegangen sind, nicht erfüllt. Auch meine Hoffnungen und Erwartungen an ein „besseres" Leben haben sich leider nicht erfüllt. Als wir damals im Herbst 89 auf die Straße gegangen sind, hat keiner mit so einer schnellen „Eingemeindung" in die BRD gerechnet. Aber dennoch haben wir uns alle so gefreut, dass wir schon 1990 die „harte D-Mark" in die Hände bekamen. Noch vor der „D-Mark" haben wir gegen den Willen der damaligen Einheitsgewerkschaft (FDGB) einen Betriebsrat bei uns gegründet, wie in vielen anderen Betrieben auch. Ich kann mich auch noch gut an die Gewerkschaftsvertreter (IG-Metall) erinnern, die uns schon gewarnt haben vor den „Praktiken" der Unternehmer, die uns „aufkauften". Es wurde alles so toll dargestellt, wer wollte da jemals daran denken, dass es bald wieder abwärts ging. Die Betriebe wurden „abgewickelt" – oft von jungen Leuten aus dem Westen. Die konnten jetzt endlich zeigen, was sie an ihren Hochschulen und Unis gelernt hatten. Auch wenn sie gerade so die Abschlussprüfungen bestanden hatten, hier haben sie unter der Leitung von der Treuhand „ganze" Arbeit geleistet – im Dienste der sozialen Marktwirtschaft. Ganze Familien wurden langsam aber sicher ins soziale Abseits befördert. Auch wenn ich nicht ins Ausland fahren und mir kein neues Auto oder sonstigen Luxus leisten kann, bin ich froh und zufrieden, an der „Wende" aktiv beteiligt gewesen zu sein. Meine Erinnerungen sollen nicht mit „Jammern" ausklingen. Es war eine sehr aufregende Zeit 1989, die Leute haben viel bewegt und mit einer friedlichen Revolution einen „Staat von der Landkarte gefegt". In der Frauenbrücke Ost-West habe ich eine Plattform gefunden, wo ich bei Foren in Ost und West Städte und Landstriche im geeinten Deutschland kennenlernen kann. Wichtig sind mir dabei vor allem die vielen Kontakte und Gespräche mit den unterschiedlichen Lebenserfahrungen von Frauen bzw. Familien in Ost und West.

Rita Flacke

NÜRNBERG

Rita Flacke, geboren 1959, verbrachte ihre Kindheit auf dem Lande am Rand von Berlin-Ost, spielte mit den Jungen vom Bauernhof nebenan und arbeitete, wenn sie nicht in der Schule war, auf den Feldern. Mit neunzehn schon zweifache Mutter, ging sie als ungelernte Kraft arbeiten. Nach der Scheidung von ihrem Mann zog die Vierundzwanzigjährige mit Sondergenehmigung (Brief an Staatsrat Erich Honecker) nach Berlin. Dort arbeitete sie zunächst bei der Volkssolidarität, später als Verkäuferin und schließlich Filialleiterin in einer Bäckerei. Heute lebt sie mit ihrem zweiten Mann in Nürnberg und verdient ihr Geld als selbstständig tätige Tagesmutter und -oma.

Im Spiegel der Zeit

Die Gedanken und mein' Blick:
wende ich um einiges zurück!

Ihr wollt es vielleicht wissen:
Werde ich die Zeit vermissen?

Als ich noch **29** war:
Geburtstag ist doch jedes Jahr!

Am Anfang alles gut begann:
hatte gerade wieder einen Mann.

Im Fernseh'n sollen Zäune fallen,
die Menschen ihre Fäuste ballen.

„Das Volk sind wir!"
Wir bleiben lieber hier!

Am Telefon mein Opa sagte:
dass meine Mutter Opfer wagte.

Hier Post: von dem Verein –
die Kinder sind im Heim

und die Schwester wollte fliehen –
wir lassen sie nicht ziehen!!!

Ihr Geburtstag: wollt' sie sehen,
musste dafür viele Wege gehen.

Einen Besuch hat man erlaubt,
erlebte,
wie man Menschen Ehre raubt.

Bald der Republik ihr Ehrentag –
zwei Männer groß und staaark,

meine Schwester in der Mitte,
vor der Tür mit einer Bitte …

Nun sind sie bei mir;
„Eine Familie, das sind wir"
Ein Cousin aus Berlin-West,
reiste extra zu mein' Fest!

Denn der *30*ste stand an,
ein anderes Leben nun begann.

Urlaub wollten wir uns gönnen,
werden wir auch fahren können?

Die Brötchen einmal noch verkaufen,
Freitags: alle Kunden kopflos laufen.

Die Grenze wurde heute aufgemacht –
Das war in der Nacht!!!

Wir suchten auch die Lücke –
Bin jetzt bei der **Brücke**!

Wollten uns da rüber trauen,
mir helfen jetzt die **Frauen**!

Im Kino schon nach 17 Jahr,
ich mit *„Mühe"* Vieles sah –

wie *„die Anderen"* einst dachten
auch *mein Leben* voll bewachten!

Wenn man es auch will –
Die Zeit bleibt niemals still!!!

Hier nun; den *Spiegel* sehe –
Dass ich auf die *50* gehe!!!!!

Rita Kupfer

REMAGEN

Rita Kupfer, Jahrgang 1949, ist bei Coburg in
Oberfranken geboren und aufgewachsen. Heute lebt
sie als Autorin in Remagen am Rhein. Seit 1998
führte sie ihre Ausstellungsreise „Grenzen: Im
Zickzack über die ehemalige Zonengrenze" an Orte
diesseits und jenseits des ehemaligen Eisernen
Vorhangs. 2002 erschien „mein.e gedicht.e" als
Taschenbuch. Weitere Arbeiten sind Ausstellungen
mit Gedichtbildern und Literarischen Objekten
sowie Beiträge in Zeitschriften und Anthologien.

Wir wohnen in Remagen am Rhein. Da ist es Brauch, dass die Kinder aus dem Kindergarten und die aus der Grundschule mit selbst gebastelten Laternen, Fackeln heißen sie hier, im Martinszug mitgehen, der bei uns am 9. November abends stattfindet. Voran reitet St. Martin auf dem Pferd, mit Helm und wallendem Mantel, es folgen die Schulkinder mit ihren Lehrerinnen, die Fackeln in der Hand. Danach kommen die kleineren Kinder, begleitet von Eltern und anderen Betreuenden. Am 9. November 1989 gehe ich mit meinen Söhnen im Zug mit, ich sehe noch die in den Fenstern der Häuser aufgestellten Lichter vor mir. Mein Mann stößt zu uns mit der unglaublichen Nachricht „Die Grenze ist offen". Er hatte es auf dem Weg von der Arbeit in den Nachrichten gehört. Es hat eine ganze Weile gedauert, bis ich die Bedeutung dieser Worte in mein Bewusstsein aufnehmen konnte. Die Berichte in den Medien, die Wucht der Bilder, die Erzählungen aus dem heimischen grenznahen Gebiet waren für mich kaum zu fassen, ich war bewegt, aufgeregt, gerührt, begeistert.

Das hätten wir uns noch nicht vorstellen können, als bei uns im Landkreis Ahrweiler im August Züge mit den ersten DDR-Flüchtlingen aus Ungarn und den Botschaften eingetroffen waren. Darunter waren junge Leute aus Plauen und Umgebung. Das hatte ich erfahren, als ein Begegnungstag im evangelischen Gemeindehaus organisiert wurde. Wenn ich fragte: „Aus welcher Gegend kommen Sie?", bekam ich immer wieder die Antwort: „Aus dem Vogtland." Ich hatte die Vorstellung, dass das in der Nähe von Hof sein könnte, aber ganz genau wusste ich es nicht, ich musste nachsehen. Zu dunkel waren die Vorstellungen, die ich von den Landschaften in der DDR hatte. Ich bin zwar geboren und aufgewachsen in der Nähe von Coburg, aber auch wir hatten in der Schule nur ganz kurz und ganz grob in Erdkunde etwas gehört. Das Interesse dafür war damals recht mäßig, das alles war ja unerreichbar, Lichtjahre entfernt. Auch aus den Sendungen in Funk und Fernsehen der DDR, die im Grenzgebiet zu empfangen waren, konnte ich mir kaum ein Bild machen. Nur von Westberlin aus, wo wir Freunde besucht hatten, waren wir Anfang der 70ger Jahre einmal zu Studienzeiten in Ostberlin. Später dann, ab 1983 hatten wir mehrmals Freunde in Dresden besucht. Diese Freundschaft hatte die Teilung nach dem Krieg überstanden und sich von der Generation der Eltern auf die unsere übertragen. Noch im Juni 1989, an Pfingsten, hatten wir uns mit den Dresdenern in Klein-Aupa getroffen, in Malá Úpa, dem Heimatort meiner Mutter, wo sich vor dem Krieg die Eltern der Dresdener jährlich zur Sommerfrische oder zum Skifahren eingefunden hatten.

Im Dezember 1989, wie immer in den Schulferien, fuhren wir in den Landkreis Coburg. Bisher hatte ich immer nur im Fernsehen die Besucherströme über die Grenze hinweg gesehen. Ich wäre in dieser Zeit so gerne dabei gewesen. Nun sah ich in den Geschäften die vielen Menschen, die der Sprache nach aus der DDR kamen. Es war dieses Gefühl des Erstaunens, des Unglaubens, der Freude, dass etwas eingetreten war, von dem wir zuvor nicht gewusst hatten, ob wir es je noch erleben würden. In den Osterferien war der Parkplatz an der Klosterkirche Vierzehnheiligen überfüllt von Wagen, die in der Überzahl Kennzeichen aus der DDR trugen. Und im April dann das Foto einer wahr gewordenen Utopie: Vor unserer Haustür in Remagen stehen zwei Autos nebeneinander. Links das unsere, rechts das der Freunde aus Dresden.

In den Weihnachtsferien 1989 fuhren wir zum ersten Mal zum Schlittenfahren nach Oberhof. Jedes Mal, wenn wir in diesen Jahren und danach irgendwo die Grenze überquerten, war ein bisschen weniger von ihr zu sehen und zu erleben. Über diese Überquerungen ohne sichtbare Grenze freue ich mich bis heute, wenn ich sie noch bewusst wahrnehme. In der Frauenbrücke erlebe ich immer wieder von Neuem, wie es mich bereichert, mich mit Frauen aus dem Osten Deutschlands zu treffen und mich mit ihnen auszutauschen. Frauen aus Ost und West lernen voneinander, die mentale Grenze bröckelt, an manchen Stellen mag sie verschwunden sein, an anderen eher noch hoch. Ich genieße es, immer mehr und wachsende Nähe zu erfahren aus dem Teil meines Landes, der so lange für mich so nah und doch so fremd und unerreichbar war.

6.11.89 – Vollbesetzte St. Marienkirche

Sabine Müller

BAYERN

Sabine Müller (Name von der Redaktion geändert) ist eine Verwandte von Erika Dürr, einem Mitglied der Frauenbrücke Ost-West e. V. Nach einem Studium an einer westdeutschen Universität lebt die in Brandenburg aufgewachsene und inzwischen promovierte Wissenschaftlerin heute mit ihrem Mann Rainer (Name ebenfalls geändert) und mehreren Kindern in Bayern. Den folgenden Brief schrieb sie, nachdem die Verwandten durch den Fall der Mauer wieder zusammengefunden hatten.

Nun wieder in [...] drückt das Studium ganz schön. Doch wir möchten Euch ganz herzlich für die nette Aufnahme danken. Nette Leute und schöne Erlebnisse – was will man mehr? Getrübt wurde das etwas durch die Rückfahrt. Ein künstlich inszenierter Stau an der Grenze kostete drei Stunden (alle wurden durchgewunken, keiner wollte meinen Ausweis sehen, die Straßen hinter der Grenze waren frei, also warum darf man nur 20 fahren?), die letzten 50 Kilometer war dicker Nebel, der das Herz etwas tiefer rutschen ließ. Wir verpassten glatt die Abfahrt von der Autobahn.

Der erste Tag in der DDR war auch nicht gerade vom Glück begleitet. Wir wollten so schnell wie möglich nach [...]; abends gegen 22 Uhr kamen wir endlich in einen Zug und waren erst gegen 4 Uhr des nächsten Tages hier. Total überfüllte Züge hielten nicht, wenn einer hielt, wurde jedes Mittel angewandt, um hineinzukommen, kein Fenster blieb ungenutzt, im Notfall wurde, so schlimm das auch leider ist, eine Oma als Treppe benutzt. Grauenvoll.

Ja, man fuhr selbst auf den Trittbrettern mit, wenn man nur fuhr. Das sind dann die negativen Seiten der Reisefreiheit. Die Lage im Land erstickt auch jeden Optimismus. Es ist schier unmöglich, eine einheitliche Linie bei diesem breiten Fächer an Meinungen zu finden. In Leipzig fordert man schon die Wiedervereinigung, was im Norden als völlig irrsinnig abgewiesen wird. Unsere ML-Sektion hat sich aufgelöst, keiner weiß, was wird. Wenn man wenigstens schnell eine Lösung wüsste.

Unterdessen konnte ich zu Hause schon alles erzählen. Sie haben sich alle so mitfreuen können, das finde ich ganz toll. Ob Mutti und Papa allerdings den Mut finden, Euch zu besuchen, kann ich nur hoffen. Na, vielleicht habt Ihr auch bald genug, Susanne sagte, dass ihre Eltern sich auf den Weg gemacht haben. Ich finde es ganz prächtig, dass sie wenigstens jetzt die Möglichkeit haben und nutzen.

Mutti und Papa lassen herzlich für den Wein danken und melden sich natürlich selbst.

Sigrid Paul

BERLIN

Sigrid Paul wurde 1934 in Dommitsch bei Torgau an der Elbe geboren. Die gelernte Zahntechnikerin, heiratete 1957 Hartmut Rührdanz und zog zu ihm nach Ostberlin. Der im Januar 1961 geborene Sohn Torsten musste infolge eines Entbindungsfehlers danach an der Universitätsklinik im Westteil der Stadt behandelt werden. Durch den Mauerbau im August 1961 wurden die Eltern von ihrem Kind getrennt – eine Ausreiseerlaubnis erhielten sie nicht; ihr Fluchtversuch mit gefälschten Pässen misslang. Im Februar 1963 wurde Sigrid Paul inhaftiert, nachdem sie die drei Studenten, die sie bei ihrem Fluchtversuch kennengelernt hatte, bei sich hatte übernachten lassen. Torsten konnte erst im Sommer 1965 zu seinen Eltern zurückkehren.

Der folgende Text ist ein Auszug aus Sigrid Pauls Buch „Mauer durchs Herz", Berlin 2007 (zba-buch; Rechte bei der Autorin). Das Buch erscheint im Herbst 2009 unter dem Titel „The wall through my heart. A baby between two worlds" auch auf Englisch.

Die Mauer fällt

Am 9. November 1989, dem Tag, als die Mauer fiel, war meine Tochter Ute mitten drin im Geschehen. Die kirchliche Hochschule in der Borsigstraße lag nicht weit von der Mauer entfernt. Vor Freude tanzte Ute bereits um Mitternacht mitten in der Invalidenstraße in Westberlin. Viele freudetrunkene Menschen haben schon in dieser „Stunde Null" die Mauer am Brandenburger Tor erklommen. Eine tanzende Menschenkette auf dem düstersten Monument der Stadt. Die Freude kannte keine Grenzen. Wer es selbst erlebt hat, wird es nie vergessen. Wir genießen unsere Freiheit, die wir uns selbst miterkämpft haben. Das ist auch die Freiheit der Kinder, ihr Studium ohne politischen Druck, ohne Zwang und ohne Bevormundung fortzusetzen.

An den Rhein, den bis dahin um Lichtjahre entfernten Rhein, zu meiner Schwester! Nur einen Tag nach dem Mauerfall beschloss ich, sie zu „überfallen" und das Grab unserer Mutter zu besuchen. Spontan, am Wochenende, keine langwierige Antragstellung, einfach so gen Westen. Niemals seit 40 Jahren habe ich mich auf einer Reise so frei gefühlt. Ich war beschwingt, hätte am liebsten die ganze Welt umarmt.

Und dann Italien! Dorthin „floss" mein erstes West- und Begrüßungsgeld, das „wir aus dem Osten" nach dem Mauerfall erhielten – 100 Deutsche Mark. Ich habe es gut angelegt für eine Frühlingsreise in den Süden. Es wurde eine unvergessliche Busfahrt durch wunderschöne Landschaften, zum Gardasee, nach Verona, Venedig – mit seinem Charme und seinen Reizen. Aber auch Wehmut beschlich mich: Ich dachte an die vielen Zumutungen, jahrelangen Einengungen und Entbehrungen.

Nun ist die Mauer weg. Die Wunden sind vernarbt. Doch immer noch spukt das menschenverachtende Gebilde in meinen Träumen. Es waren zu viele schreckliche Ereignisse, die ich nicht vergessen kann und nicht vergessen will. Dazu haben Mauer und Stacheldraht zu viel Unheil über einen großen Teil der Menschen in Deutschland gebracht. 1990: Endlich! Das Leben – in Freiheit – ist wieder schön und spannend. Täglich ereignen sich neue Dinge. Das Versorgungsangebot bessert sich mit jedem Tag, besonders bei den vielen „tausend kleinen Dingen", von denen zu SED-Zeiten immer mal das eine oder andere fehlte. Das Berufsleben ändert sich, bald bekommen wir neues Geld. Die Aussicht auf die Wiedervereinigung eröffnet Perspektiven für die Zukunft.

Wir schmieden nie für möglich gehaltene Reisepläne; es ist, als könnten wir nach den Sternen greifen.

Später bin ich fast besessen davon, Geschichten von Leidensgefährten über Unterdrückung, Freiheitsberaubung und Repressalien in der DDR zu hören. Kaum eine Veranstaltung lasse ich aus und bin überrascht, wie viele gequälte Seelen „der Sozialismus in den Farben der DDR" hervorgebracht hat. Es sind wunderbare Begegnungen mit Menschen, die Ähnliches wie ich durchgemacht haben. Ich treffe Menschen aus gemeinsamer Haft, die – anders als wir – in den Westen entlassen wurden, und lerne manchen Tunnelbauer kennen. Besonders bewegend war natürlich die Begegnung mit dem Journalisten und Historiker Karl Wilhelm Fricke. Ich traf ihn am Rande einer Veranstaltung des Bundesbeauftragten für die Stasiunterlagen im Gebäude des früheren DDR-Innenministeriums in der Glinkastraße in Berlin-Mitte.

Düstere Erinnerungen lassen sich schwer verdrängen, Erinnerungen an die fehlende Anklageschrift vor dem Prozess, an die seltsamen Anschuldigungen, an das Urteil, die vier Jahre Haft, von denen ich 18 Monate abgesessen habe; Erinnerungen daran, dass mir das Urteil nicht ausgehändigt wurde, kein Entlassungsschein, als sich mir plötzlich die Gefängnistore in Berlin-Rummelsberg öffneten. Im Januar 1990, auf Spurensuche, wende ich mich an das Bezirksgericht Rostock, um endlich meine Gerichtsakten einzusehen. Im Februar, 27 Jahre nach dem Urteil, erhalte ich erstmals die Gelegenheit. Kopien der Anklageschrift und des Urteils sind nicht dabei. Erst ein halbes Jahr später schickt mir das Bezirksgericht das Urteil. „Papierknappheit" soll der Grund für die Verzögerung gewesen sein. Ganz so, als wäre die Zeit stehen geblieben. Im August 1990 haben sie immer noch gelogen! Es sollte weitere zwei Jahre dauern - längst waren wir in der Bundesrepublik Deutschland vereint - bis es das Landgericht Rostock schafft, die Anklageschrift auf den Postweg zu geben. Inzwischen bin ich lange rehabilitiert.

1991 wurde die Behörde des Bundesbeauftragten für die Stasiunterlagen eingerichtet. Jeder kann seitdem über ihn geführte Akten einsehen. Endlich kamen viele böse Repressionen ans Tageslicht. Mein Sohn und ich gehörten zu den ersten Antragstellern. Torsten musste nicht lange warten. Was da zu lesen war, hat uns doch erschreckt. Auch er war bespitzelt worden, Torsten - ein „Operativvorgang", sein Spitzel sogar ein Prominenter, ein bekannter Moderator des DDR-Rundfunks. Die Stasi wollte Torsten sogar anwerben, um ihn auf die eigene Familie anzusetzen. Als Invalidenrentner durfte er zu DDR-Zeiten in den Westen reisen und brachte natürlich von da auch Platten mit. Dabei bekam er gelegentlich Schwierigkeiten mit dem Zoll. Aber auf einen Anwerbungsversuch verzichtete die Stasi doch. Am 17. Juni 1985 notieren die Offiziere Misch und Martin über „den Bürger der DDR Rührdanz, Torsten": „Aufgrund des Persönlichkeitsbildes des Rührdanz und der Verletzung der Zoll- u. Devisenbestimmungen erscheint eine positive Nutzung nicht möglich und zweckmäßig."

13.11.89 - Stellungnahme des Betriebsdirektors, Chemieanlagenbau Staßfurt (CAS)

Sigrid Presser-Hofmann

FLENSBURG

Sigrid Presser-Hofmann ist 1940 in Eisenach in
Thüringen geboren. 1950 kam sie nach Heidelberg,
wo sie nach dem Wirtschaftsabitur zunächst als
Übersetzerin und Sekretärin tätig war. Später
studierte sie Wirtschaft und arbeitete bis zur
ihrer Pensionierung als Fachlehrerin an der
Berufsschule. Die Mutter einer Tochter und eines
Sohnes lebt seit 1972 in Flensburg.

Im August 1989 war ich in der Stadtverwaltung in Flensburg, um meinen Reisepass verlängern zu lassen, damit ich im Herbst meine Cousine in Fürstenwalde besuchen konnte. Vor dem Bereich zum Einwohnermeldeamt warteten viele Leute, und ich bekam beiläufig mit, dass dabei auch junge Menschen waren, die auf die Zuteilung eines Hotelzimmers warteten. Diese jungen Männer und Frauen hatten die DDR verlassen, waren über Ungarn geflüchtet und – wie auch immer – nach Flensburg gekommen. Da mein Sohn in jener Zeit an der TU Berlin studierte und sein Zimmer frei war, sprach ich eine junge Frau an. Sie hieß Claudia, kam aus Schwerin und wollte eigentlich in Kiel studieren, ebenso wie Axel, der mit ihr über Ungarn geflüchtet war. Ich ging davon aus, dass „die Sache mit Kiel" sich bestimmt innerhalb einer Woche regeln ließ und fragte sie, ob sie vorübergehend bei uns wohnen wollten. Die beiden sagten sofort „ja"!

Also zogen sie bei uns – meinem Mann, meiner Tochter und mir – in das große separate Zimmer unserer Altbauwohnung ein. Wir haben sehr viel gemeinsam unternommen. Sie waren einfach unsere Gäste, Claudia noch mehr als Axel, der oft allein in der Stadt unterwegs war. Ganz besonders hat mein Mann die langen Gespräche mit Claudia genossen, die teils politisch, teils philosophisch geprägt waren. Selbstverständlich haben Claudia und Axel auch die Mahlzeiten bei uns eingenommen. Und diese Situation dauerte nicht nur die ursprünglich angedachte Woche, sondern bis Anfang Oktober. Zu jenem Zeitpunkt habe ich darauf hingewirkt, dass Claudia und Axel ihre Fühler nach Kiel ausstrecken, denn der Besuch mit meiner damals zehnjährigen Tochter bei meiner Cousine in Fürstenwalde stand bevor. Also sind die beiden Anfang Oktober bei uns ausgezogen.

Es gab dann im Frühling 1990 einen Besuch von Claudia und ihren Eltern in Flensburg. Den ersten Urlaub im sogenannten „Westen" haben Claudias Eltern in unserer Wohnung verbracht, während wir im Sommer auf Bornholm waren. Mit Claudias Eltern, die inzwischen in Dresden wohnen, haben wir noch immer Kontakt, wir telefonieren miteinander und besuchen uns in größeren Abständen.

Was aus dem ehemaligen Studenten Axel geworden ist, weiß ich nicht. Aber Claudia hat einen Amerikaner geheiratet, hat einen Sohn und wohnt in New York. Die Hochzeit fand übrigens in Moritzburg bei Dresden statt. Leider haben wir Claudia lange nicht gesehen, bekommen aber immer wieder Nachrichten über sie durch ihre Eltern.

29.01.90 – Podiumsdiskussion zum Gesundheitswesen

Waltraud Beppler

Wiesbaden

Waltraud Beppler, Jahrgang 1939, ist durch eigene Berufswahl und Heirat stark in der Kirche sozialisiert und hatte darüber von jeher Kontakte zu Menschen in der DDR. Sie lebte und arbeitete in verschiedenen Orten der BRD sowie von 1973 bis 1977 mit ihrer Familie in Hongkong / Asien. Heute lebt sie in einem generationsübergreifenden Wohnprojekt in Wiesbaden.

Erinnerungen

Frühdienst: Der Wecker rappelte um 04:15 und warf mich aus den warmen Federn. In der Küche stellte ich wie immer das Radio ein und um 04:30 kam die monotone Stimme des Nachrichtensprechers: „In Berlin ist die Mauer gefallen. Die ganze Nacht kamen Menschen aus Ostberlin und wurden von den Westberlinern stürmisch empfangen."

Ich war einen Augenblick lang wie erstarrt. Dann flossen die Tränen.

Ich konnte es einfach nicht fassen; hielt es gar für einen makaberen Scherz; alle Grenzerfahrungen aus vielen Jahren liefen wie ein Film vor meinem inneren Auge ab. Ich hatte mich längst abgefunden mit den zwei Deutschlands, hielt eine Wiedervereinigung der zwei verschiedenen so festgelegten Systeme für unmöglich. Ich war sehr aufgewühlt und redete mit jedem, der mir in der frühen Morgenstunde begegnete: „Haben Sie schon gehört? Kann es denn wahr sein?"

In den nächsten Tagen versuchte ich alle Nachrichten und Bilder über die offene Grenze zu verfolgen. Zu der unbändigen Freude gesellte sich langsam ein unangenehmes Gefühl der Peinlichkeit, z.B. wenn Menschen in ihren Trabbis an den Grenzübergängen mit Bananen gefüttert wurden. Oder wenn kranke und gehunfähige Alte in den Westen geschafft wurden, um das Begrüßungsgeld abzuholen oder auch wenn ich hörte, dass „Westler" nach „drüben" gingen, weil der Friseur und das Fleisch so viel billiger war.

Wenige Monate später, im Frühjahr 1990, machten wir uns auf den Weg, um Freunde in der Nähe von Görlitz zu besuchen, die wir in früheren Jahren nur ab und an in Ostberlin trafen. Es war nahezu unfassbar: die Grenzanlagen an der Autobahn waren kaum noch zu erkennen. Auf den Landstraßen fuhren wir öfter falsch, weil die Verkehrsschilder für unseren Westverstand „unlogisch" waren. An vielen Straßen und Kreuzungen standen Wohnwagen und Caravans, die den Menschen diverse Versicherungen anpriesen. Wir kamen ins Schwitzen, weil das Benzin knapp wurde und zig Kilometer weit keine Tankstelle zu finden waren.

Begeistert und erstaunt waren wir vom zweisprachigen Bautzen. So etwas hatten wir von der DDR nicht erwartet.

Unvergessen und als besonders bewegend wird mir in Erinnerung bleiben, wie meine Freundin mitten im Gespräch plötzlich in Tränen ausbrach und schluchzte: „Es kann doch nicht wahr sein, dass alles in der DDR schlecht und nichts war. Schließlich haben auch wir hier die ganzen Jahre gelebt und gearbeitet."

27.11.89 – „Gebet für unser Land", St. Marienkirche

Zum Fotografen der Bilder im Innenteil des Buches:

Klaus Heinrich

wurde 1953 in der Kleinstadt Seehausen (Altmark) in Sachsen-Anhalt geboren. Nach dem Schulabschluss absolvierte er eine Ausbildung zum Elektromonteur und anschließend eineinhalb Jahre Grundausbildung bei der NVA. Anschließend studierte er Elektrotechnik. Im Jahr 1989 war er als Elektroingenieur im Fernsehgerätewerk Staßfurt tätig. Der Vater von drei Kindern war schon in seiner Jugend Hobbyfotograf und hat seine Bilder auch selbst entwickelt. Heute ist er geschieden und arbeitet als Elektroingenieur in Magdeburg.

Der Verlag

1989: das war schon am 1.1. für den Verlag Kleine Schritte der Beginn eines ganz besonderen Jahres.

Ursula Dahm übernahm den Verlag und verlegte zugleich den Firmensitz von Bonn nach Trier, in die Römer- und Karl-Marx-Geburtsstadt. Das erste Buch im neuen Verlag erschien, das Buch über Amelia Earhart. Und wenige Monate später kam die große politische Wende im Osten: Die Mauer fiel. Dass dieses Jahr so fulminant endet, hätte zu Beginn wohl niemand gedacht.

Von Beginn an war das Programm des Verlages vom Motto „Mit kleinen Schritten zu großen Zielen" geprägt. Die Autoren des Verlages sind traditionell zu 90 % weiblich, die weibliche Sichtweise ist dementsprechend dominant, jedoch ohne ideologischen Zeigefinger. Frauenthemen, die der Verlag aufgreift, finden neben einem großen weiblichen Publikum erfreulicherweise auch zahlreiche männliche Leser. Einen kleinen Einblick in unser aktuelles Programm bieten Ihnen die folgenden Informationen. Mehr erfahren Sie über www.kleine-schritte.de; oder fordern Sie einfach unseren Prospekt an, den senden wir Ihnen ganz altmodisch auch gerne zu.

verlag kleine schritte

Medardstr. 105 / 54294 Trier
mail@kleine-schritte.de / www.kleine-schritte.de

Zum Filmstart:

Marion Hof
Amelia Earhart
Das ungewöhnliche Leben einer Pionierfliegerin. ISBN 978-3-89968-123-9

Zum Start des großen Spielfilms über Amelia Earhart mit *Hilary Swank, Richard Gere* und *Ewan McGregor* erscheint die aktualisierte Neuauflage unserer Earhart-Biografie. Autorin Marion Hof, selbst passionierte Fliegerin, sammelte in den USA zahlreiche Orginaldokumente für dieses Buch.

Marion Hof
Diese Tage sollen ewig sein
Gedichte - Poems. ISBN 978-3-89968-114-7

Ihr Verständnis für Menschen und Situationen verdankt Marion Hof ihrer beeindruckenden Sensibilität und Beobachtungsgabe. Ihre bildreiche, sehr musikalische Sprache verleiht Gedanken und Emotionen die Kraft expressionistischer Lyrik. Und sie gibt gleichermaßen Raum für melancholische Schwere und ironische Leichtigkeit, wie man sie aus Werken Mascha Kalékos kennt.

Brigitte Heidebrecht
Lebenszeichen
Gedichte. ISBN 978-3-89968-115-4

Weit über 100.000 Exemplare wurden inzwischen von diesem Kultbuch verkauft. Jahr für Jahr lassen sich viele neue LeserInnen von den zeitlosen Texten begeistern. Die Gedichte zeigen eine Frau auf der Suche nach ihrer Lebendigkeit. Sie zeigen ihren wachen, kritischen Blick aufs Alltägliche, auf die eigenen Schwächen und Stärken.

Roswitha Iasevoli
Zartes, Zoff & Zipperlein
Kurzgeschichten. ISBN 978-3-89968-116-1

Älterwerden – oh Gott! Die Auseinandersetzung damit geht uns dummerweise alle an. Früher oder später erwischt es uns irgendwie – egal ob mit 30, 50 oder 70.

Zum Älterwerden gehört in jedem Alter das Zurückschauen auf das, was verloren ist: vor allem die Jugend. Die ist mit 30, mit 50 und mit 70 im Eimer. Das schmerzt. Manchmal jedenfalls.

Aber es geht auch um Aufbruch, um verwirklichte Träume und die Träume, die man noch realisieren will. Mit 30, mit 50 und mit 70.

Iasevoli schafft es, mit tiefgründigen, humorvollen und schrägen Stories das Thema auf lockere Weise näherzubringen. Das ist höchst unterhaltsam.

Karin Holstein
Covergirl uncovered
Biografie. ISBN 978-3-89968-100-0

Karin Holstein war die Claudia Schiffer der 70er Jahre. Dem Starmodel lag die Welt zu Füßen. Ungekünstelt erzählt sie ihre Geschichte mit Höhen und vielen Schicksalsschlägen bis hin zu ihrem Ausstieg aus der Glitzerwelt. Heute engagiert sie sich für die Arthritis-Stiftung.

Waltraud Zehner
Socribu
Erzählung. ISBN 978-3-89968-121-5

Eingepackt in die Metaphorik einer surreal anmutenden Szenerie versammelt Waltraud Zehner hier das breite Spektrum menschlicher Eigenschaften. Auf der Suche nach Einheit und Ganzheit erfährt sie die Brüchigkeit. Eine große Bühne jenseits von Raum und definierter Zeit.